New Me

わたしだけの新しい人生の見つけかた

横幕真理 MARI YOKOMAKU

CROSSMEDIA PUBLISHING

PROLOGUE

あなたは、自分が好きですか？

新しいわたしへ――New Me――

変わりたい。
わたしはずっとそう願っていました。
いつか、今の自分とは違う何者かになりたい。
新しいわたしになって、自分だけの人生を歩みたい。

でも、やりたいことが見つからない。将来が不安。太っている自分のカラダが嫌い。顔もカラダもコンプレックスばっかり。誰にも愛されず誰からも理解されずに、ひとりぼっち。

なぜ自分だけみんなと同じように、生きることができないんだろう……。
10年前のわたしは、まさにこんな状態でした。

本書を手に取ってくださったあなたへ。

あなたは、自分のことが好きですか？

この本は、自分のことが大嫌いで、「変わりたい」ともがき苦しみ続けたわたしのストーリーです。

でも、それは同時に、あなたのストーリーでもあるかもしれません。
もしあなたが、少しでもやりたいことが見つからないと悩み、少しでも将来に不安を感じ、少しでも自分に不満を抱え、少しでも自分のダメなところを責めてしまう癖があって、少しでも自分を変えたいと願っているのだとしたら――。

そんなあなたにお伝えしたいことがあります。

それは、**いつだって、誰だって、今この瞬間から、あなたの思い描く「新しいわた**

し」になれるということです。

そして、そんなあなただけの人生の主役は、他ならぬあなた自身なのです。

あなただけの新しい人生の見つけ方

改めて、簡単に自己紹介をさせてください。

わたしは、ヨガスクールの経営をしている株式会社MAJOLI（マジョリ）の代表取締役と、一般社団法人 国際ヨガアカデミー協会の代表理事を務めています。今まで500名を超える受講生がヨガの資格を取得し、カラダが変わり、心が変わり、自分自身が変わり、人生が変わる瞬間に立ち会ってきました。

各章で細かいエピソードはお伝えしていますが、高校生のときから「いつか、何か大きなことがしたい！」と思っていたわたしは、大学に行けばやりたいことが見つかると信じ、大学へ進学しました。しかし、結局何も見つからず。大学卒業後は、海外に行けばやりたいことが見つかると思い、ロンドンに留学をしました（第1章）。

結局何も見つからないまま、日本で就職するも挫折し、またやりたいことを見つけるためにフィリピンのセブ島にある日系企業で働きました（第2章）。それでも何も見つからず、インドでヨガの修行をすることに。そこで人生が変わる経験をし（第3章）、オーストラリアのバイロンベイとインドネシアのバリ島でヨガの学びを深めました（第4～5章）。

ヨガを通じて人生が変わった自身の経験から、「誰かの人生が変わるきっかけづくりがしたい」と考えるようになり、29歳で起業しました（第5章）。

わたしの夢は、ヨガで世界をハッピーにすること。

その想いのもと、ヨガの意味である「つながり」（ヨガの語源は、「（牛や馬と荷台を）結びつける」という意味のサンスクリット語）を大切にしながら、業界初となるオンライン専門のヨガインストラクター養成講座を運営しています。

こんなふうに話せば、「わたしは自信がなくて、自分のことが好きじゃない。そんなにキラキラとした人生を歩んでいる人なんて、自分とはほど遠い存在だ」と感じる人がいるかもしれません。

しかし、それは違います。わたしは、自分のことが大嫌いでした。自信が持てず、悩み、苦しみ、人生に何度もつまずいてきたのです。

そんなわたしでも、長い旅の果てにたどり着くことができた、新しいわたし。自己肯定感が低かったわたしだからこそ、かつてのわたしのように「変わりたい」と願っている方に伝えられることがある。そう信じてこの本を執筆しました。

変わりたいあなたのキッカケになれるように

本書は、いわゆるキラキラした女性起業家の自伝ではありません。物語の中で、わたしが会社を起業して自立していく過程を描いていますが、ありのままのわたし、徹底的にリアルなわたしを表現しているので、キラキラどころか、むしろ格好悪いところをたくさんお見せするかもしれません。嘘偽りのないわたしらしい生き方が、変わりたいと願うあなたの変わるキッカケになると信じています。

わたしにとっては、新しい自分と出会う大きなキッカケはヨガでした。

本書でもヨガの教えをお伝えしていきますが、本書でお伝えしていることは、ヨガをやっていない方やヨガに興味がない方にも実践していただける内容ばかりです。

わたしにとってヨガとは、「ポーズをとること」や「エクササイズ」ではなく、「生き方」です。ヨガには人生を豊かにする考え方があり、それはヨガをしていない方にも通じるものです。

ヨガに興味がない人も、本書に出てくるヨガの教えを今日から使える「あなたらしく、しあわせに生きるための考え方」として、読み進めていただけたらとてもうれしいです。

今振り返っても、わたしの人生を通して得た「気付き」が、実はすでにヨガの教えで語られているものだった、ということが数多くあります。そのため、各章でのわたしの気付きを、ヨガの教えに沿って解説しています。

なるべく難しい言葉を使わずに、わかりやすく説明するように気を付けました。世界一やさしいヨガの教えの本としても、本書をご活用ください。

そして、本書を読み終える頃に、もう一度、聞かせてください。

「あなたは、自分のことが好きですか？」

この問いに対して、今以上にあなたが、YESと答えられるようになっていることを願っています。

さあ、一緒に探しに行きましょう。

あなただけの、新しい人生の見つけかたを。

あなただけの「新しいわたし」で。

わたしらしい生き方のヒントは「ヨガの教え」にあった

ヨガとは「生き方」だと、お伝えしました。

実は、ヨガの教えでは「なりたい自分になって新しい人生を歩むための8つの段階」について語られています。

それが、八支則《はっしそく》という教えです。八支則とは、ヨガを実修するための8つの段階・行法のこと。ヨガの基本的な考えです。

【ヨガの八支則】
第1段階：ヤマ（Yama）／禁戒
第2段階：ニヤマ（Niyama）／勧戒
第3段階：アーサナ（Asana）／坐法
第4段階：プラーナヤマ（Pranayama）／呼吸法
第5段階：プラティヤハーラ（Pratyahara）／制感
第6段階：ダーラナー（Dharana）／集中
第7段階：ディヤーナ（Dhyana）／瞑想
第8段階：サマディー（Samadhi）／三昧

これを読んで、「少し難しいな……」と思われた方も少なくないと思います。

わたしは最初にインドで八支則を教わったとき、正直まったく意味がわかりませんでした。しかし、何度もこの八支則に触れ、学びを深めていくうちに、この教えが自分の人生での出来事とつながる瞬間がありました。そこではじめて、この教えの大切さに気付き、救われた自分がいました。

だからこそ、ヨガに興味がある方、興味がない方、すべての方にきっとこの八支則の教えは役に立つと確信し、ヨガのエクササイズを教えるインストラクターではなく、ヨガの哲学を伝える哲学講師として歩み始めました。

そこで、本書ではヨガスクール代表であり哲学講師のわたしが、このヨガの八支則を、自分自身の体験を通じて学び取った横幕真理流の教えに変えて、新しいわたしを見つける８つのステップとしてお伝えします。

【新しいわたしを見つける8つのステップ】

STEP1：わたしを大切にする
STEP2：意識を「ある」に向ける
STEP3：今の自分の状態を知る
STEP4：カラダと心を繋げる
STEP5：勇気を持って一歩踏み出す
STEP6：今の自分で突き進む

STEP7：ありのままの「わたし」を受け入れる
STEP8：わたしはわたしのままでいい

この8つのステップを、誰でも今日から実践できる「世界一わかりやすいヨガの教え」として、各章末で一つずつご紹介していきます。

新しいわたしを見つける

STEP

1

わたしを大切にする

—

アヒンサ

非暴力

※ヤマ（禁戒）のうちの1つ

プロローグでは、わたしがわたし自身のことが大嫌いで、カラダにも心にもコンプレックスばかり抱えて、自分のことを肯定することができなかったエピソードをお伝えしました。

自分自身に投げつけていたそれらの言葉たちが、自分に対する暴力だとも気付かずに。

ヨガの八支則における**第1段階のヤマ（禁戒）は慎むべき5つの心得**であり、環境や人間関係を良い状態に保つために自制すべきこと。いわゆる、社会的モラルです。

ヤマのなかで、この経験とつながる教えが「アヒンサ」。**アヒンサは「非暴力」**を意味します。5つの心得のうち、最初の教えであるアヒンサは、とても大切な教えといわれています。

「暴力」という強い言葉を聞くと、誰しも「自分は暴力なんてふるっていない」と思うのではないでしょうか。わたしも初めてアヒンサの教えを学んだとき、暴力なんて自分とは無縁だと思っていました。

しかし、学びを深めるうちに、アヒンサの意味はとても深く、とても身近な教えであることに気付きます。例えば、誰かを傷つける言動を慎むことや、自分の怒りに他人を巻き込まない、誰かの時間を悪口などで奪わない、冷たい視線や態度で傷つけない、不満をぶつけて八つ当たりしない。このようなことも、アヒンサの教えだと知りました。

マハトマ・ガンディーが独立運動のモットーに「アヒンサ」を掲げ、武器や戦力を使わずして、インドの独立を成し遂げたことは有名な話です。

暴力というと、他人に対するものと捉えがちではないでしょうか。しかし、アヒンサの教えでは、**自分を責めることや自分を傷つける言葉も、自分自身に対する暴力**だと説かれています。わたしがずっと「自分が嫌い」と言っていたことも、わたしに対する暴力だったのです。

また、無視することも暴力だといわれています。本当の自分を知らないことは、自分自身を無視すること。他人に対して過剰に謙遜したり、自己卑下したりすることも、本当のわたしを無視する行為です。また、ストレスからよく暴飲暴食してしまっていたのですが、それも自分のカラダの声を無視し、自分のカラダに暴力をふるう行為でした。

アヒンサを意識することで、考え方や行動、言葉、生き方全体を変えていくことができます。

わたしもそのアヒンサの教えを知り、実践することで、今では自分自身に暴力的な言葉を投げることも少なくなり、自分を大切にできています。

この本を読むあなたも、自分の心を深く傷つける言葉の暴力や、自分のカラダを痛めつける暴力を無意識にふるってしまっていませんか？

ほとんどの方が何かしら思い当たることがあるのではないでしょうか。

でも、大丈夫。あなたがこの本を読み終える頃には、「わたしを大切にする」ということを決断し、勇気を持ってあなたがあなたのままで、新しい人生の一歩を踏み出しているはずです。

CONTENTS

目次

CONTENTS

CONTENTS

CONTENTS

CONTENTS

CHAPTER 1

自分を探しにロンドンへ

わたし、人生迷子かも

新しい環境で、新しい自分になりたい

学生時代から「普通の人生」を歩いていくことに、息苦しさを感じていました。アルバイトをしても、こんな仕事をするために生まれてきたわけじゃない、誰かに使われるために生まれてきたわけじゃない、そう思っていたのです。

だから、高校時代から「起業して、何か大きなことがしたい」と言っていました。でも周りからは、「何を言っているの？」と馬鹿にされることが少なくありませんでした。

具体的にやりたいことなんて何もないけれど、それでも希望をもっていました。大学に行けばやりたいことが見つかって、わたしは変われるのだ、と。

はじめての一人暮らしが始まって、知り合いが誰もいない大学に入学する。まった

く新しい環境に身を置けば、新しい自分になれるんじゃないか、そう思っていました。

新しい自分になりたくて、大学入学前からダイエットを開始。痩せて自信がついたことで、「新しいことにチャレンジして、大学ではやりたいことを見つけるんだ！」と意気込んで入学しました。

そのときは、ドラマで描かれるような、キラキラとした大学生活を夢見ていました。でも、現実はドラマのようにうまくはいきません。

せっかく痩せたのに、入学して3カ月ほどで10キロ太ってリバウンド。お金がないからとアルバイトに明け暮れて、仲間と頻繁に外食していたら、生活リズムが狂って太ってしまったのです。

変わろうと意気込んでいたのに、また太ってしまった。自分が嫌い。結局、変われないんだ。このままのわたしで、やりたいことは見つかるのかな？　そんな不安な気持ちを抱えたまま、大学生活を過ごしていたのです。

わたし、このまま就職していいの？

そんな生活を送るうちに、何も見つからないまま、気付けば大学3年生に。そして、就職活動の時期がやってきました。

一緒にはしゃいでいた仲間たちは、あたりまえのようにリクルートスーツに身を包み、就職活動に励んでいる。それなのに、わたしだけが「このまま就活するのって、どうなんだろう？」と立ち止まってしまいました。

やりたいことがわからない……。わたしはずっと同じところで悩んでいたのです。

その当時、尊敬する教授のもとで学ぶために「就職活動のためのゼミ」に入っていたわたし。しかし、そこで就職について学んでいくうちに、自分の本心に気付いてしまいます。会社に入っても、わたしにはやりたいことがない、と。

このまま就職して「変われない自分」のままになりそうなことも怖かった。

自信がないし、自分のことが大嫌いで、落ちこぼれだと思っている。そんなわたしを受け入れてくれる会社で働いたら、また変われないいんじゃないか？ **今の嫌いな自**

分のままで、一生を終えてしまうのではないか？

その恐怖が大きくて、「今は就職できない」と思ったのです。

それに、日本で就職することよりも、もっと別のことに興味がありました。それは、海外に行くこと。

わたしは英語がとにかく苦手で、大学受験も英語の点数が低くて失敗しています。英語はわたしにとって、テストの点数を取るために学ぶもの。

でも、大学時代に、英語に対する考えが変わりました。バリ島ではじめての海外旅行を経験したことで、「英語は学問ではなくコミュニケーションツール」だと知ったからです。

海外では今まで知らなかったライフスタイルを見たことで、「こんな生き方もあるんだ」と視野が広がる経験もしました。

海外で英語をもっと話せるようになりたい、もっと視野を広げたい、そしたら何者かになれるんじゃないか。わたしの中で、その思いが強くなっていました。

背中を押してくれた先生の言葉

大学3年生になっても、高校生のときからの夢は変わりませんでした。やりたいことは具体的にないけれど、起業して、何か大きなことをしてみたいと考えていました。でも、そんなことができるのかもわからないし、周りからは笑われて、馬鹿にされてしまう。親からも「普通に就職してほしい」と言われるし、周りの友達が次々に内定をもらっていく中で、起業する自信なんてありません。

就職しなかったら、大学まで行かせてくれた親にも申し訳ない。でも、やっぱり就職したくない。そう思うから動けない……。

悩んだ結果、大学4年生の春頃、思い切って尊敬する教授に「起業したいから、就職せずに海外留学がしたい」と素直な気持ちを打ち明けます。

すると、教授は**「こうしたいと思う人には、それを実現する資格がある。就職しなくてもいいから、思うようにがんばってみなさい」**と背中を押してくれました。

そのとき、自分の気持ちを決めることができたのです。やっぱり一度きりの人生だし、やりたいことをやってみよう、と。

そして、同級生の中でただ一人、就職せずに大学を卒業しました。

このまま何者にもなれないかもしれないし、海外に本当に行けるのかもわからない。

そんな不安を抱えながら。

ここではないどこかで、何者かにならなくちゃ

自分の人生を切り開くために

海外留学先として、真っ先に思いついたのは、ニューヨークかロンドン。「英語の本場」というイメージのある都市に憧れを抱いていたし、周りが就職して新しい道を歩いていく中、海外に留学するちゃんとした理由がほしかったからです。みんなから「英語を学びに本場に行くなんて、かっこいい！」と言われたい気持ちもあったのだと思います。

とはいえ、まずは留学費用を貯める必要がありました。

自分のわがままで就職しなかった申し訳なさがあり、親には「留学費用を出してほしい」なんて、とても言えません。それに、留学することを就職したくないだけの逃

げだとは思いたくなかった。この選択は自分で決めて、自分で行動したんだ、と思いたかったのです。

だから、留学費用を自力で稼ぐことで、**自分の力で、自分の人生を切り開いていこうとしました。**

特に調べもせず、「100万円くらいあれば、留学できるだろう」と考えたわたしは、とにかく留学費用を貯めるために、掛け持ちでアルバイトを始めました。

アルバイトをしながら、英会話スクールにも通いました。留学前に、どうしようもない英語力を、もう少し高めておきたかったからです。

ただ、英会話スクールがあるのは、平日の9～16時。それ以外の4時～8時と17時～26時は、アルバイトをすることに。毎日の睡眠時間は2時間しかなく、アルバイトを週7日入れたら、過酷なスケジュールになってしまいました。

それでも、最初は前向きに働いていました。「自力で海外に行って、新しい自分になるんだ！」と意気込んでいたからです。

でも、実際の生活は、アルバイトに明け暮れる地味で楽しくもない毎日。自信がないまま休みなく働いていたら心身ともに限界がきて、半年後には心がポキッと折れてしまったのです。

そこにいたのは、ただのわたし

そのとき、ようやく痛感しました。わたしが「何者」でもなくなったことを。

それまでは義務教育を終えて、高校、大学と進学して、ちゃんと前に進んでいる感覚や、どこかに所属している安心感がありました。でも、今は「大学生」という肩書きすらも失い、何者でもなくなった、ただのわたし。

当時の彼氏は、そんなわたしを見かねて「結婚しよう」とも言ってくれたけれど、それは、何者かになりたいと願うわたし自身を否定されているような気持ちになりました。自分の好きな人にさえ、自分のことをわかってもらえない。そのことがショックでした。

周りの大人には、ことごとく馬鹿にされ、誰にも気持ちをわかってもらえません。

そのとき、自分で就職しないと決めたものの、「新社会人」という何者かになった同級生たちが羨ましくなったのです。みんな、「仕事が大変で」「上司が苦手だ」と言いながらも楽しそうに、自力でお金を稼いで生きている。わたしだけ置いていかれているような感覚になって、焦りや劣等感に押しつぶされそうでした。

誰にも必要とされていないんじゃないか。生きている価値がないんじゃないか。ただのわたしになったことで、生きている意味すら見いだせず、落ち込んだことをよく覚えています。

それに、先の見えない不安にも襲われていました。海外に行けるのかもわからない状態で、「この生活が、ずっと続くのではないか？」「こんな状態で、本当に海外に行けるのだろうか？」と不安ばかりがつのる毎日……。

その状態に耐えられなくなったわたしは、「何もしたくない」とすべてから逃げ出しました。アルバイトを辞めて、ニートになったのです。

何かをやるのに理由なんていらない

ニートになって半年を過ぎた頃、わたしは「格安のロンドン留学」を発見します。そして、エージェントの方の面白い経歴に興味をもちました。

その方は就職せず、若くして海外に行き、わたしが目指しているような人生を歩んでいる。「話を聞いてみたい」と思い、説明会に申し込みました。

そして、説明会でその方に自分の気持ちを話しながら、号泣したのです。

そのときのわたしは、軸がない自分の将来がとにかく不安でした。

「社長になって、何か大きなことがしたい」と思うだけで、起業したい具体的な理由なんてない。肩書きがなくなって、「わたしは起業するという大きな夢がある人なんだ」と自分に思い込ませているだけだった。

周りは前に進んでいるのに、わたしだけが置いていかれているような気がする。その劣等感が大きく、自分のことが大嫌い。

何かをするたびに、周りの大人たちからは「なんで？」「そのあとはどうするの？」

と理由を求められる。もっともらしい理由が言えないと、やりたいことを反対されるし、理由を言えない自分も「本当に大丈夫なのかな？」と自信がますますなくなっていく……。そんな状態でした。

その話をすると、エージェントの方は**「ワクワクすること、やりたいと思ったことをやればいい。何かをするのに理由なんていらないよ」**と言ってくれました。

その言葉を聞いて、気持ちがラクになったのです。そうだよね、わたしは海外に行って自分を変えてみたい。それを考えるとワクワクする。その気持ちだけでいいんだ、と思えました。

そして、2013年3月からロンドンに留学することを決意しました。

それからは気持ちを新たに、留学費用を貯めるためにアルバイトを再開。やっとの思いで貯めた100万円を全額使って、半年間のロンドン留学へと旅立ったのです。

なんでわたしって、こんなに孤独なんだろう

誰にも頼れないロンドン生活のスタート

2013年3月20日。ついに、ロンドン行きの飛行機に乗り込みました。

ロンドンは家賃が高いので、シェアハウスに住むのが一般的です。シェアハウスが見つかるまで、とりあえず最初の1週間はホームステイすることになりました。

当時はたいして英語が話せなかったので、入国前はワクワクするというよりも不安だらけ。

まずは、入国審査をパスする必要があります。ロンドンのヒースロー空港といえば、入国審査が厳しいことで有名です。英語で下手な受け答えをすれば、空港に隔離されて、事情聴取されることもあります。わたしはラッキーなことに、なんとか無事に入

国審査をクリアしました。

しかし今度は、ホームステイ先に向かおうにも電車の乗り方がわかりません。人に聞くこともできず、Wi-Fiがつながらないので、インターネット検索もできない状態でした。半年分の大きな荷物を抱えながら、雪のちらつくロンドンの道を何時間もかけて一人で歩きました。寒さに震え、かじかむ指先で何とか重い荷物を握りしめて、明確な道もわからないままひたすら歩き続けました。

こんなことをするために、ロンドンに来たんじゃない。そう思って、留学初日から帰りたくなったことをよく覚えています。

ようやくたどり着くことができたホームステイ先の生活も、思い描いていたものとは違いました。

留学前に想像していたのは、みんなで一緒にご飯を食べたり、交流したりする生活です。でも実際は、交流が一切なく、家のルールを事務的に伝えられるだけ。テーブルの上にご飯が置かれて、「自分の好きなタイミングで食べてね」というようなドライなホストファミリーでした。だから、夜ご飯はいつも一人で食べることに。

ホストファミリーとは、意思疎通すらできません。とにかく何を言っているのかわからない。ネイティブスピーカーが話す速度についていけず、何度も聞き返しましたが、相手からはまた同じスピードで返されてしまいます。もっとゆっくり簡単な言葉で話してと言いたくても、英語で伝えられない。もどかしい日々が続きました。

もともと他人と住むことは苦手だし、留学先の学校までの道のりも遠い。だから、すぐにでも引っ越したかった。でも、英語ができないわたしには、海外でシェアハウスを探すことなんて、すぐにはできませんでした。

「人見知りな自分」を変えるために

留学前までは、明るい未来ばかり想像していました。ロンドンに行ったら、いろいろな出会いがあって、やりたいことが見つかり、自分を変えることができる、と。

でも現実は、友達も知り合いもできず、人見知りも直らない。ロンドンでの生活に慣れず、ずっとホームシック。やりたいことも見つからないし、やっぱり変わることができません。

でも、変わりたい。だからロンドンに来た。そう思ったわたしは、**自分を変えるために行動を起こそう**と決めたのです。

学校のクラスは人の入れ替わりが激しく、あるとき、同い年くらいの日本人の女の子が入学してきました。

その子は、わたしと同じような生活を送っていました。英語をあまり話すことができず、日本人留学生に話しかけても、英語を学びに来ているのだからと言わんばかりに英語で返されてしまい、誰とも話さずに帰っていきます。

その姿が自分と重なりました。だから、帰り道に思い切って彼女に話しかけました。すると彼女は、笑顔で答えてくれました。こうして、人見知りなわたしにも、ようやく友達ができたのです。彼女はユカという名前で、この出逢いをキッカケに、今では大親友の1人になりました。

それからは、学校生活がどんどん楽しくなっていきました。ユカと2人でいろいろなことを計画して、クラスメイトたちとも仲良くなれたし、2人でMeetupにも参加しました。Meetupとは、イギリス人や日本人など、お互いの言語を学び合いたい人たちが交流する会のこと。それに参加したことで、外国人の友達もできたのです。

こうして学校生活が楽しくなったのは、ユカに話しかけることができたから。それはとても小さな一歩だったかもしれないけれど、人見知りなわたしが勇気をもって踏み出した一歩でした。

うわべだけの充実した生活

とにかく痩せたくて、はじめてのヨガへ

留学して1カ月経った頃には、いろいろなチャレンジをしています。友達も少しは増えて、ロンドンでの生活にも慣れてきた。せっかくロンドンに来たのであれば、何でもチャレンジしてみよう、そう思えるようになったからです。

そのチャレンジの一つが、「ホットヨガ」。

留学初期の引きこもり生活で増えた体重を減らしたかったからです。引きこもり生活をしていると、食べること以外にやることがなかった。しかも、お金がなくて、安くて太りやすいパンやパスタばかり食べていたら、1カ月で5キロも太って焦っていたのです。

それに、1カ月後までには、どうしても痩せたかった。

ユカの誕生日は5月31日。わたしの誕生日は6月4日だったので、2人の合同誕生日パーティーを開いて、みんなをおもてなしする予定でした。

パーティーでは、可愛くてスタイルのいいユカと、おそろいの衣装を着ることに。でも、今の見た目のままでは、彼女の隣に並ぶのが恥ずかしい……。そう思ったわたしは、ユカを誘い、ホットヨガ教室に通うことにしたのです。

残ったのは、つらい思い出だけ

その頃のわたしはヨガにまったく興味がありませんでした。たまたま学校の近くで、安くて通い放題のホットヨガ教室を見つけたわたし。

痩せようと意気込んで臨んだはじめてのヨガは、イメージとだいぶ違いました。

それまで、わたしのヨガに対するイメージは、ストレッチの延長線上にあるエクササイズ。リラックスしながら、無理なく運動できるイメージがありました。

ところが、実際は驚くほどつらかったのです。わたしは英語ができず、身体が硬かったので、インストラクターが英語で誘導するポーズを理解できず、うまくポーズを取れませんでした。

できないことが90分間も続くと、気分が落ち込みます。英語はろくに話せないし、友達もなかなか増えない。そんな「できない尽くしの毎日」を送っている。それなのに、さらに新しくチャレンジしたこともできないと、自信がなくなります。

それでも、最初の1カ月は頑張って週3〜4日は通って、1カ月後には2キロ痩せました。ただ、そのくらいで見た目は変わりません。「こんなにがんばったのに、見た目はあまり変わらないんだ……」とガッカリ。それに、ポーズがうまく取れず、1人だけいつも遅れてしまいます。

ヨガは全然好きじゃなかったし、むしろ嫌いでした。やっぱりわたしにはヨガは向いていなかった。そう感じて、ヨガ教室は1カ月間通っただけで辞めました。これが、はじめてのヨガの思い出です。

充実した生活

ユカとの合同誕生日パーティーは30人くらいの友達が集まってくれて、盛大に終わりました。

ロンドンで仲良くなったみんなとは、旅行にもよく行きました。留学先の学校は、短期間で卒業していく人がたくさんいます。みんな、いろいろな国から留学に来ているので、卒業すれば会うことが難しくなる。だから、仲良くなった友達が卒業するときには、卒業旅行を率先して企画したのです。

こうして、**行動を起こしたことで友達ができて、ロンドンでの生活が楽しくなりました。**英語はまだ全然話せなかったけれど、筆記テストは得意だったから、順調にクラスも上がっていきました。

毎日、朝は誰よりも早く学校に行って、英語で日記をつけたり、授業の30分前には予習したり。そういう自分の中で立てた「小さな目標」を達成していくことで、自信にもつながりました。

友達はたくさんいるし、英語だってこのまま上達できそうな気がする。充実した生活を送れる自分に変わることができた。このときは、そう思っていました。その頃のわたしは、まだ気付いていなかったのです。**自分がまったく変われていないことに。**

結局、単なる逃げだったのかもしれない

やっぱり、変わることができない

ロンドンでは、自分にはできなさそうなことでも、どんどんチャレンジしていきました。負けず嫌いな性格なので、できないことがあるのは嫌だったからです。

ただ、チャレンジする前はよくこう言っていました。「できない。むり。やりたくない！」と。そうしないと本当にできなかったときに自分を慰められないし、二度と立ち直れないかもしれない。それが怖かったから、「できない」と言っては、自分の中で保険をかけていたのだと思います。

そんな保険をかけながらもチャレンジを続けた結果、ロンドンでもさまざまなことを経験して、できることが増えていたし、成長した部分もあったと思います。友達も、

留学開始当初に比べるとたくさんできて、孤独でもなくなった。生活にも慣れて、ホームシックもなくなって、楽しいと思える日々を過ごせるようになってきた。

でも、そんな一見充実した日々の中で、ふとした時に、感じてしまったのです。「結局、友達や環境のことは少しずつ好きになっていったけれど、**自分自身のことは少しも好きになれていない。**そんなわたしは何も変われていない。お金を無駄にしてまで、どうしてロンドンに来たんだろう?」と。

そう感じたのは、自分の中で立てた目標に向かって、いつも走っていたからだと思います。1つの目標が達成される頃には、次の新しい目標が生まれている。だから、達成できた目標には目を向けず、**できないことばかりに目を向けて落ち込んでいました。**

留学費用は底をつき始めていて、あと少しで半年間の留学が終わってしまう。留学が終わる頃には、英語がペラペラになっていて、やりたいことも見つかって、次のステージが見えているはずだった。

でも、英語はペラペラにはほど遠く、やりたいことも見つかっていない。結局、ロンドンに行く前の自分と、何一つ変わらないまま。

日本に帰国したあとは、どうすればいいんだろう？　その焦りの中で、留学の終わる時間が刻一刻と迫っていました。

またやってきた、負のスパイラル

しかし、焦れば焦るほどに動けなくなってしまいます。そして、自信をなくし、最終的には大事なテストにも落ちてしまったのです。

留学先の学校では2カ月に1回、英語のレベルチェックがあります。

毎回、それを順調にクリアして、次のクラスに進んでいたわたしは、留学中の最終テストでも次のクラスに上がりたかった。そうすれば、留学したばかりの頃、最初に英語を教えてくれた先生のクラスで、留学を終えることができたからです。

でも、**そんな大切な最後のテストの結果は不合格。**筆記テストはクリアできたけれど、スピーキングテストがまったくできませんでした。

そして、採点した先生から、はっきりとフィードバックされてしまいます。君はスピーキング力が全然ないから、次のレベルには達していない、と。そのことにショックを受けて、またネガティブ思考に入ってしまいました。

その頃には、日本語で話せる友達も、またできにくくなっていました。大親友のユカはもう先に卒業して日本に帰国していたし、みんなが帰国していくのを、ただ送り出していくだけ。

英語をまた同じクラスで学ぶのも、モチベーションが上がらなかった。むしろ、英語ばかりの毎日に疲れて、英語を聞くことさえも嫌でした。

ロンドンで半年間頑張ってきたけれど、結局、英語を話せる自分にはなれなかった。やりたいことも見つかっていない。何もできず、結局、自分のことが嫌いなまま――。それを実感したことで、「もう学校に行きたくない」と最後の1カ月間は学校をサボりがちになり、また引きこもってしまったのです。

やっぱり英語ができない。やっぱりわたしは人見知りで、友達をつくれない。環境が変わったとしても、わたしはわたしで、変わることはなかった。海外に行きたい。そう決意した大学卒業時のあの覚悟も、**結局は単なる「逃げ」だったのかもしれない。**

わたしは負け犬だ。「海外留学をすれば変われる」それは幻想に過ぎなかった。みんなから言われたように、あのときの選択は失敗だったのかもしれない。そう思いながら、日本に帰国したのです。

新しいわたしを見つける

STEP 2

意識を「ある」に向ける

—

サントーシャ

足るを知る

※ニヤマ（勧戒）のうちの1つ

第1章では、「自分を変えたい」と思って飛び立ったロンドンで、さまざまな挑戦をしたものの、結局、自分を変えることができずに帰国したエピソードをお伝えしました。

この経験とつながるヨガの八支則の教え、「サントーシャ」。**サントーシャとは「知足」、つまり「足るを知ること」**です。

第二段階のニヤマ（勧戒）とはすすんでおこなうべき5つの心得であり、自分自身と良い関係性を保つための自己鍛錬法のこと。いわゆる、自己規律です。

その5つの心得で、サントーシャ（知足）とは、2番目に出てくる教えで、語源は、老子が説いた「知足者富」という説があり、仏陀や孔子などの多くの偉人たちが「知足」を教えていたとも言われています。

わかりやすくいえば、**持っているものに目を向けること**。

自分にできないことや、足りないと思うことに意識を向けるのではなく、今あるもの、できることに目を向け、感謝する心を養うことがサントーシャの教えです。

生きていれば、思い通りにいかないことはたくさんあります。きっとあなたもそんな経験をしていると思います。

思い通りにいかないとき、あなたは他人と自分を比べたり、不満を抱えて感情的になったりしてしまっていませんか？

ロンドン留学していたときのわたしは、できない自分とできる他人を比べては落ち込み、できないわたしにいつも苛立っていました。

はじめてのヨガでは、周りと比べてポーズができない自分を受け止めることができず、1カ月足らずでヨガも挫折してしまったし、帰国前の最終テストでも、「わたしはスピーキングができない」と、これまで学んできたはずの「あること」に意識を向けることができなかったことで、テストに落ちてしまいました。

その頃のわたしが、サントーシャの教えを実践していたら、結果は変わっていたはずです。

ロンドン留学時代、できないことではなく、今あることに意識を向けていたら、自分を変えようと、さらにいろいろなことに挑戦できたのかもしれません。

はじめてのヨガでは、確実にマイナス2キロ痩せたというカラダの変化があったはず。そのことに満足していたら、ヨガを継続できていたでしょう。

筆記テストは得意だったので、英語の知識は頭にしっかりと入っていた。そのことに意識を向けていれば、スピーキングテストでは自信をもって話せたはずです。

ロンドン留学での挫折体験は、サントーシャの教えを実践し、自己肯定感を高めることの大切さを、今のわたしに教えてくれていました。

そのことに気が付いた今では、自分を誰とも比べることがなくなり、満たされた気持ちになります。

それでもやっぱり、以前のわたしのように、あなたは自分にはなにもないと思ってしまうかもしれません。

でも、大丈夫。今ある状況も役割も、すべてが「自分の成長」のための学びだから。立ちはだかる困難や問題から、常に何かを学び、あなたは前に進んでいけるのだから。

CHAPTER 2

セブ島での出会い

プライドを脱いで
スーツを着たけれど……

ついに、わたしも普通の人に？

結局、変われないまま、日本に帰国したわたし。帰国後は2カ月間、実家に引きこもって、またニートのような生活をしていました。

誰にも会いたくない。お金もないし、ますます太ってしまった。英語もたいして上達していないから、友達から「イギリス帰りだから、英語を話せるんでしょ？」と言われるのも怖かった。それにやりたいこともなくて、これからどうしたらいいのかさえもわからない……。

海外に行く前は自分に対する根拠のない自信がどこかにありました。周囲がどれだけ止めても、「やってみなければわからない」と反発して、そして実際にやってみた。でもその結果が、全然ダメだった。突き付けられた現実から目を背けたいほどに。

就職せずに海外に行くという特別な決断をしたのだと、わたしは思っていた。でも実際に海外から帰ってきて冷静に周りを見渡すと、普通に就職して、休日に海外旅行して楽しく過ごしている人たちがたくさんいました。**わたしは特別なんかじゃなかった。むしろ、ただ「普通」になれなかっただけ。**

冷静になったわたしの目には、そんな普通の暮らしをしている人たちが今度はとても輝いて見えたのです。わたしもあのとき就職していたら、平日に働いてお金を貯めて、休日はたまに海外旅行に行き、楽しい想いだけして日本に帰ってくる。そんな生活をしていたのかもしれない。

でも今のわたしは、どうか。仕事もない。お金もない。たった一つだけあった自分の未来への情熱さえも失ってしまった。

それならもう「何者か」になることを諦めて、今度こそ「普通の人」になろう。これしかない。わたしはそう思って、それまで自分を守り続けてきたプライドを遂に脱ぎ捨てて、スーツを着て就職活動を始めたのです。

世間知らずなわたしは最初、こんな自分でも拾ってくれる会社はいくらでもあるだろう、と漠然と考えていました。だから、都市部にある誰もが知る大企業ばかりに応募していました。

でも、そこでも現実を突き付けられます。たいした学歴もない、新卒でもない、特別なスキルもない、経験もない。そんなわたしは、ことごとく書類選考で落されてしまい、何とか面接まで進んだ2社も不採用。

結局、都市部で働くことは諦め、旅行が好きだったこともあって地元の旅行会社に就職しました。

ところが、そんなわたしを唯一拾ってくれた会社さえも、半年足らずで辞めてしまったのです。

何か大きなきっかけがあったわけではありません。人間関係がよくて、働きやすい環境だった。旅行のことを学べるのも楽しかった。でも、やっぱり何かが違う。うまく言葉にできない感情が、ずっとわたしの心を曇らせていました。

「やっぱり起業したい」

そうしてわたしははじめての就職先を退職しました。

熱意だけで海外企業に応募

就職しても続けられない。漠然と起業したいと思っているけれど、何をすればよいかわからない。そうこうしているうちに、「もう一度、海外に行きたい」と思い始めました。

日本にいると、「周りと同じようにすべき」という暗黙のルールに縛られている感覚がありました。大学3年生だから就職活動をしなきゃいけない、大学卒業後は定職に就かなきゃいけない、と。でも、それが自分のタイミングとは合わず、「ちゃんとしなきゃ」という気持ちが強くなってしまい、苦しかったのです。

一方、海外では視野が広がって、わたしなりの考え方を肯定されている感覚がありました。**選択肢は1つじゃない。生き方はみんなと違っていい。**大学に行ったからといって、就職しなくてもいい。「みんなと同じようにしなくてもいい」と思えて、生きやすかったのです。

それに、海外に行って、今度こそ英語を話せるようになりたい気持ちもありました。

よし、もう一度、海外に行こう。

そう思ったもののお金がありません。とはいえ、留学資金を再び貯めることは考えられませんでした。アルバイトの時期がいちばんつらかったから、もうあの頃には戻りたくなかったのです。

どうすれば、海外に行けるのだろう？　それで思いついたのが、海外で就職すること。さっそく、海外で働ける求人を探し始めました。

そのときのわたしは英語力も、スキルも、社会人経験もほとんどなし。そんな何もない自分のことを棚に上げて、憧れだった欧米で働ける求人を探し始めたのです。

でも、当然のごとく、わたしの条件に当てはまる求人は、なかなか見つかりません。

そもそも英語力がない時点で、大多数の海外企業からは相手にされず、日本語で仕事できる日系企業でも、専門的なスキルが問われる業務内容ばかりでした。

だから、欧米は諦めて、今度はインドやフィリピンなどで働ける求人を探すことに。そして、とにかく条件が合う企業に応募して、面接を受け続けました。

なんとしても海外で就職したい。だから、熱意を売りにしました。とにかくやる気はあります、何でもやります、いつでも行けます、と。

最初に内定を出してくれたのが、フィリピンのセブ島にあるインターネット広告を扱う日系企業でした。立ち上げたばかりの会社だったこともあり、とにかく人手を欲しがっていました。

こんなわたしを拾ってくれたのだから、この会社でがんばろう。そう決めて、内定から3週間後の2014年10月、今度はセブ島へと飛び立ったのです。

苦手なことに挑戦するって、とにかくつらかった

戸惑いの中で始まった海外での仕事

セブ島で働くことを決意したものの、いろいろな不安が襲ってきて、セブ島行きの飛行機の中では泣いていました。

パソコンが苦手で広告の知識もないので、仕事をこなしていけるのか不安でした。新興国には住んだことがないので、そもそも生活できるかどうかさえもわかりません。

夜中にセブ島に着いて、最初に驚いたのは、国際空港がボロボロだったこと。当時の空港は簡素な造りで、まるで野外にあるバス停のよう。

しかも、真っ暗な空間で、フィリピンの方が英語で話しかけてきます。わけがわからなくて怖い、なんてところに来てしまったんだ。セブ島に着いてさっそく後悔しま

した。

翌日から、セブ島での新しいお仕事がスタート。ただ、会社のオフィスは完成前なので、研修初日はモール内のカフェへ。みんなでポケットWi-Fiを持ち寄って仕事をしながら、だんだんと不安が大きくなるのを感じました。わたし、ここでがんばれるかな……。

1週間後にはオフィスが完成しましたが、今度はオフィス内の雰囲気に慣れることができません。オフィスはシーンとしていて、コソコソ話をするように話さなければならず、声の大きなわたしからすると窮屈でした。

それに、隣の席の人と話すにも、会話はすべてチャット。文章を書くことが苦手なわたしは、質問するという簡単なことからつまずいてしまったのです。

自力でなんとかしようとしてもうまくいかず、結局、周りに迷惑をかけてしまう。そんなことが続いていました。

わからないことだらけで仕事が全然できない。落ち込むことばかりで、最初の頃は泣きながら帰る毎日を過ごしていたのです。
しかし、こんなに戸惑ったのは最初だけでした。

運命ってあるのかな

気付けば、居心地のいい環境に

セブ島に来たばかりの頃は試行錯誤の毎日で、はじめての仕事、はじめての環境にストレスを感じていました。でも、1年経った頃には仕事にも生活にも慣れ、精神的に落ち着きを取り戻していました。セブ島に行く前に抱えていた不安材料がなくなっていたからです。

当時のセブ島のIT企業勤務時の給料は、日本円にして約10万円。最初は、生活できるのか不安でいっぱいでした。でも、生活費にどれくらいかかるのかわかったことと物価の安さのおかげで、節約しながらやりくりができるようになり、金銭面でのストレスがなくなりました。フィリピンの人たちはとても優しくて、日本人もフィリピン人も関係なく友達がたくさんでき、セブ島での生活にすっかり慣れていたのです。

その頃わたしには、遠距離恋愛中の彼氏がいました。彼は、遠く離れた日本からわたしを支えてくれた人。でも、すれ違いの日々が続き、次第にお互いがストレスを感じるようになっていきました。そして、セブに来てから1年と少し経った頃、お別れしたのです。

そのとき、もう一生、彼氏はいらない。そう強く思いました。

連れていってもらった食事会での出会い

しかし、そう思っていた矢先、運命の出会いが訪れます。

２０１６年2月26日。ボスが「僕より１００倍すごい人に出会ったから紹介するよ」と会食をセッティングしてくれました。そのときに出会ったのが、未来の夫になる早川諒さんです。

早川さんはボスの日本人経営者仲間の1人で、当時すでにセブ島では知らない人がいないほど有名な社長さん。日本人向けの語学学校を現地で運営し、「0円留学」という画期的な留学スタイルを築き上げていた企業を経営する風雲児として有名でした。わたしも彼の名前を知っていたので、会うのを楽しみにしていたのです。

食事会で彼は、これまでの経歴を話してくれました。中卒で、英語力や海外経験がゼロの状態で海を渡り、30歳で起業したこと。セブ島に来て、日本人留学生向けの語学学校を経営していること。

それを聞きながら、衝撃を受けました。わたしも、学歴や職歴は人に語れるようなものではありません。けれど、この人は学歴がないどころか、中卒。そして彼がセブ島に来たのは、わたしとまったく同じ時期だったのです。たった1年半で、ゼロから立ち上げた会社を軌道に乗せて事業拡大をして、自分のやりたいことをやって生きている。

それから、早川さんが憧れの存在になりました。わたしも、いつかこの人のような経営者になりたい、そう思うようになったのです。

ちょっとだけ自分を肯定させてくれた人

わたし、ここで何しているんだろう

起業家として憧れの存在を見つけたものの、どう考えても今のわたしのレベルでは、彼に追いつくことはできない、そう思っていました。彼は30歳で起業。わたしは今、26歳。4年後、30歳のわたしは同じように起業できているかな？　このままだと絶対にムリだ、と。

ある日、早川さんが「こんなビジネスがしたい」と自身の新しいビジネスアイデアを話してくれたことがありました。その1週間後、「この前話したアイデア、仕事としてかたちになったよ。今日から始める」と電話がかかってきました。その話を聞き、「この人はやっぱりすごい」と驚きました。**けれど同時に、気付かされたのです。何も変**

わっていない自分自身に。

わたしはこの1週間、何か1つでも成長できたのかな？　そう考えたとき、「なにも変わっていない。1週間でやりたいことを実現した人がいるのに、わたしは2年かけて何をしていたのだろう。このままじゃダメだ。わたしも変わらなければ」と、日々進化している人を間近に見たことで、強烈にそう思いました。

そして、次の日には「会社を辞めさせていただけないでしょうか？」とボスに相談し、数カ月後、2年と少し勤めたセブ島のインターネット広告会社を退職することになったのです。

告白は思ってもいなかったタイミングで

次の一歩を踏み出すきっかけをくれた早川さんとは、ビジネスを学びに行く感覚で何度かお会いしていました。

遠距離恋愛をしていた元カレと別れてから、わたしは相変わらず「彼氏はいらない」と思っていました。誰にも縛られることのない生活は自由そのものでした。だから、早川さんのことは「恋愛対象」ではなく「尊敬する経営者」だと思っていました。

とはいえ、彼とは共通点も多く気が合って、お互いが話すことに共感できました。付き合うかどうかの話は抜きにしても、一緒にいることがとても楽しかった。今振り返れば、最初から彼のことが好きだったのかもしれません。

そして、出会ってから2カ月後の4月。気付けば、わたしから告白していたのです。

また、当時のわたしには結婚願望がまったくありませんでした。これまでお付き合いした方たちは結婚願望が強い方が多く、それを負担に感じていたこともあり、誰かとお付き合いすることに躊躇していました。

しかし、告白したときに彼から、ビックリすることを聞かれました。

「僕は結婚願望がないんだよね。だから一生結婚するつもりはないけれど、それでも大丈夫?」と。やっぱりこの人とは気が合うな。そう思って安心したわたしは、お付き合いすることを決め、交際がスタートしたのです。

人生を懸けた「逆プロポーズ大作戦」

なかなか切り出せない、プロポーズの言葉

そんなやりとりから始まった交際。それなのに、なんとわたしは出会って半年ほど経った頃、「彼と結婚しよう」と決意します。

でも、彼には結婚願望がありません。もちろん今まで一度も結婚の話はしていません。それならば、自分からプロポーズするしかない！　そう思ったわたしは「逆プロポーズ大作戦」を考え始めました。

いつプロポーズしよう？　そう考えたとき、振られても気まずくならないように、わたしが日本に帰国する直前に言いたかった。最悪、振られたら日本にそのまま逃げて

婚活しよう！　と思っていました。

ちょうどタイミングよく、わたしの帰国直前に、彼の誕生日がある。決行するならその日しかない。そう思ったわたしは、誕生日デートでプロポーズすることにしたのです。

そして、彼の誕生日がやってきました。でもわたしはなかなかプロポーズを切り出せません。言おう、言おうとは思いつつも、彼に結婚願望がないことはわかっていたし、振られることが99・9％わかっていたから、プロポーズするのはやっぱり怖かったのです。

プロポーズしなかったら、遠距離恋愛でも続けていけるのに。わざわざ振られにいくの？　言わないでおこうかな？　何度もそう思って死ぬほど葛藤しました。

そうこうしているうちに、あっという間に帰る時間に。気が付けば、もう帰りのタクシーの中。そのときもまだ葛藤していました。セブ島で会えるのは今日が最後。もう言わなきゃ、言う！　そう決めて出た一言。

「一生のお願いがあります」

やっとの想いでその言葉を口にすると、それだけ伝えてわたしはタクシーの中でそのまま泣き出してしまいました。彼から何を言われるのか、本当に怖かったのです。

そのとき、その場の空気を変えようとしてくれた彼が「えっ、何？　どうしたの？100万円貸してほしいとか？」と笑いながら言ってくれて。そのおかげで落ち着きを取り戻し、**「結婚してください」**と伝えることができたのです。

それからは「結婚したい理由」を伝えて、返事は1週間後でいいから考えてほしい、とお願いしました。

これが、一般的な女性が憧れるプロポーズのシチュエーションとはほど遠い、わたしの人生を懸けた逆プロポーズの瞬間でした。

こうして、その日は逃げるように帰って行きました。

確かなのは、一緒にいたいことだけ

帰国までは1週間以上はあったので、その1週間後に時間をつくってくれた早川さんからご飯に誘われました。ついにプロポーズの返事を聞くときがきたのです。

「今日、わたし振られるのかな……」そんなことばかり考えていました。おいしそうな食事も、今日はまったく味がしませんでした。食事が終わり、帰り際、彼が真剣な顔で話し始めます。

「これからもずっと一緒にいたいと僕も思うけど、やっぱり結婚はできない。もし子どもが欲しいと思っているなら、僕は結婚すら考えていなかったから、もちろん子どもを持つことも考えていない。だから結婚しない方がいいと思う」

そう言われました。

「えっ、なんで？」

99・9％振られる覚悟でプロポーズしたくせに、いざそうなると納得できませんでした。**この人の答えは「Ｙｅｓ」しかない。**心の中で、なぜかそう思いました。

でも、プロポーズをしたとき、将来的に子どもが欲しいという話をしていたわたし。誠実な理由で断った彼に、何も言うことができませんでした。

振られて気まずい雰囲気。「帰ろうか」と言われて、小さくうなずくことしかできないわたし。どうしよう……。居ても立っても居られず、トイレへ逃げ込みました。トイレの中で少し落ち着きを取り戻し、いろいろなことを考えました。子どもは諦めるから結婚してって言う？　結婚は諦めて、このままの関係を続ける？　それとも別れる？

どうしよう、どうしよう……。そう悩んでいるうちに、時間がどんどん経っていく。何も答えは出ていないけれど、とりあえず行こう！　そう決めて、レストランの出口に向かいました。

すると、一緒に車に乗って帰りながら、なんだか吹っ切れてきたのです。振られたから、もうこれ以上傷付くことはない。もうぶち当たって行こう、と。それに、わたしの心は決まっていました。

「やっぱり、結婚したい」と、2度目のプロポーズ。もうわたしの目に涙はありませんでした。

ほんの半年前、彼と出会ったときのわたしは彼氏はいらないと思っていて、結婚願望もなかった。でも今は結婚したいと思っている。半年後、1年後、もしかしたらわたしは子どもをほしくないって言っているかもしれない。逆に、彼がやっぱり子どもが欲しいと言っているかもしれない。先のことはわからない。状況や環境は変わるし、気持ちだって変わるもの。でも、今わかっていることは、わたしは彼と結婚したい。彼もわたしと一緒にいたいと言ってくれている。それなら、結婚しようよ、と。

少しの間沈黙が続き、顔を上げた彼が一言、「そうだね、じゃあ結婚しよう」と笑顔で言ってくれました。

こうしてわたしの2度にわたるプロポーズ大作戦は、紆余曲折を経てなんとか成功。2017年6月に入籍し、彼にとって欠かせない存在になれたのです。

新しいわたしを見つける

STEP

3

今の自分の状態を知る

—

アーサナ
坐法

第2章では、運命の出会いがあったエピソードをお伝えしました。

この経験から、わたしが掴み取ったヨガの教えは、「アーサナ」です。

アーサナとは、わかりやすくいうとヨガのポーズのことです。これはつまり、自分の身体を理解して、快適で安定した姿勢を取ることです。

まずは、今の自分の状態を知る。そして、正しい姿勢を取る。そうすることで、ブレないカラダ、ブレない心、ブレない自分をつくる。これがすべてのヨガの教えにつながる基本です。

わたしの結婚は、綺麗に語れるようなストーリーではありません。周りからも、わたしが結婚できたことに驚かれました。

かっこ悪くても泥臭くても、まっすぐに自分の情熱を傾ける方向に突き進んだ結果の結婚。でも、これがわたしらしいやりかただったのかもしれません。

「彼が経営者ですでに成功している人だったから、わたしも起業できた」

のちに、そう周囲から思われることもよくありました。

もちろん、それはゼロではないと思います。

でも、実際に結婚して今まで以上に彼の近くで生活を共にするようになって、感じたことがあります。

それは、やっぱり**身近な人が努力して頑張っている姿に胸打たれ、そのことによって自分自身も努力できる**ということ。

わたしが結婚してから、様々なことにチャレンジできたのは、彼が経営者だったからではなく、彼が頑張っている姿を隣で見せ続けてくれたからです。

彼に、「だいじょうぶ?」と聞くと、いつも彼は「大丈夫」と言います。

どんな逆境でも、そう言葉にして行動し続ける姿に、わたしは支えられ、自分も頑張れたのです。

あなたも、「自分が何をしたいのか、自分でわからない」。そんな、進むべき道に迷う時期があるかもしれません。

でも、大丈夫。きっとあなたにも、家族や恋人、友人など、あなたのすぐ傍で頑張る姿を見せてくれる人がいるはずです。そんな人からたくさんの刺激をもらって、かっこ悪くても泥臭くても突き進むことで、きっと新しい景色が見えてくるはずだから。

また、セブ島生活が長くなってきたわたしは、本来の目的を忘れかけていました。ここまでのわたしの人生、ずっとフラフラしていたのは、**自分の芯をもっていなかった**からです。

結局、わたしは何のために、ここに来たんだろう。わたしはどうなりたいんだろう。そんなことを考えていた日々の先に出会ったのが、早川さんでした。

何があってもブレない芯の強さをもった彼と出会い、どれほど自分の芯がブレていたのかに気付かされました。まずは、自分の心を見つめて、まっすぐに立つことから始めなければいけない、と。

そして、彼の姿勢に尊敬の念を抱きました。尊敬する人がわたしを好きでいてくれるのなら、そのことだけは信じてもいいんじゃないかな？　わたしが尊敬する彼が好きになってくれた自分のことを少しだけ肯定してあげたい、そう思えるようになりました。
まだまだ「今の自分のこと」を何もわかっていなかったわたしは、ブレずに安定している彼の傍にいることで、少しだけ自分を知ることもできたのかもしれません。

あなたも、「自分が何をしたいのかわからない」と進むべき道に迷う時期があるかもしれません。でも、大丈夫。まずは今の自分の状態を知る。それだけでも、自ずと自分のこれからの道が見えてくるはずだから。

CHAPTER 3

インドでの転機

迷子の自分を探す旅

惹かれるけれど、いちばん行きたくない国へ

セブ島のインターネット広告会社を退職したわたしは、インドに行くことを決めました。

インドを選んだのは、苦手なことに挑戦したいと思ったから。**わたしの中で、なぜかいちばん惹かれる国。でも、いちばん行きたくない国。それがインドでした。**

インドに行けば、人生観が変わる。よくそう言われるので、インドには興味がありましたが、衛生面や治安面が心配で行くのは不安でした。

でも、**その頃のわたしは、苦手なことに挑戦すると決めていました。**苦手なことに

挑戦した結果、失敗もたくさんあったけれど、学ぶこともたくさんあったから。だから、インドの環境に飛び込んでみたい。そう思いました。

それに、セブ島でもなんだかんだで2年ちょっとは生活できた。だったら、このままインドに行こうと。日本に帰国すれば、日本の清潔な環境に慣れて、インドに行く勇気が持てなくなるかもしれない。

そう思ったわたしは、セブ島からそのままインドに飛び立つことにしたのです。

ただ、インドでは「旅行」ではなく「生活」がしてみたかった。

ロンドンに半年、セブ島に約2年住んで、気付いたことがあります。それは、その土地に数カ月間住まないと、その国のことを深く知って、何かを学ぶことができないこと。だから、インドには1~2カ月は滞在しようと考えました。

ところが、何人か友達を誘っても、「インドはちょっと……」と断られてしまいます。行きたいのであれば、1人で行く選択肢以外なかったのです。

英語を使って働く夢に近づきたい

1人でインドに行くためにいろいろと調べてみると、**インドは「ヨガ発祥の地」**であることを知ります。

わたしのヨガの経験といえば、4年前にロンドンでホットヨガに1カ月間通っただけ。しかも、わたしには向いていないと挫折し、それ以来ヨガをしたこともなければ、興味もありませんでした。

でも、インドはヨガ発祥の地といわれている。ヨガを知れば、インドのことや国民性を深く知ることができるんじゃないか？

それに、4年前は失敗だと思っていたけれど、1カ月で2キロ痩せたし、ヨガをすればまた痩せるかもしれない。相変わらずダイエッターだったわたしは、いい加減ダイエットを卒業したいという気持ちから、ヨガのダイエット効果にも少し期待していました。

そんな軽いきっかけで、インドでヨガを学べる場所を調べていると「ヨガ留学」があることを知ります。そして、国際的に認知度の高いヨガインストラクターの資格「RYT200」を取得できるコースを見つけたのです。

RYTとは「Registered Yoga Teacher（認定ヨガ講師）」の略で、RYT200はヨガインストラクターになるための基盤となる資格のこと。

RYT200は、世界でいちばん知名度の高いヨガ協会「全米ヨガアライアンス」によって認定されている、２００時間相当のトレーニングプログラムを修了することで登録できます。

その資格が取れたら、英語を使って働くことができるかもしれない。海外で働くという夢は叶っていましたが、セブ島の日系企業では英語を使って働くという夢は叶えられませんでした。でも、やっぱり英語を使って働いてみたかった。国際ライセンスであるRYT200を取得すれば、海外で英語を使いながらヨガのインストラクターとして働くことができるかもしれない。

このコースでRYT200を取得しよう、そう思い立ちました。

「しあわせ」って一体なに？

自分にとってのしあわせがわからない

生まれてはじめて降り立ったインドの地。まず、目的地にたどり着くまでが大変な道のりでした。中国の上海経由でインドの首都デリーの空港へ。飛行機の中は、見渡す限りほぼ全員インド人。こんなにインドの方に囲まれたこと自体が、人生ではじめて。飛行機に乗っているだけでもとても緊張感があったことを思い出します。

そして、いよいよわたしのインドでのヨガ留学が始まります。

ヨガ留学コースの日程は45日間。その第1日目に、わたしはいきなり壁にぶつかります。

それは、最初の授業でヨガ哲学の師からいきなり投げかけられた、「ある質問」でした。それまで、ヨガはポーズを取って、エクササイズするだけのものだと思っていました。しかし、1日目の授業で突然、先生にこう問いかけられたのです。

あなたにとってしあわせとは何ですか、と。

えっ……？

ヨガのポーズを教えてくれるんじゃないの？

いきなりこの先生は、一体何を言っているんだろう……。そんなことを思いながらも、わたしは、何一つ、答えを返せませんでした。

その日、結局最後までその問いに答えを出せないまま、初日の授業は終了。何が自分にとっての幸せなのか。その重たい課題を最初に突きつけられて、わたしは自分の幸せすらもわかっていないことに気付かされました。

インドに来るまでのわたしは、周りよりも能力が低い、周りよりも太っている、周りよりも年齢が高い、そういうことをずっと気にしていました。

そんなわたしは、**他人と自分の状況を比べることで、幸せを決めていました。**だから、自分自身の幸せがわからなかったのです。

幸せになりたい、変わりたい。そう思って、悩みながら行動してきた。でも、**自分がどうなれば幸せになれるのか、そのゴールがわかっていなかった。**目的地がわからないまま、ずっと走り続けていた、これまでのわたし。

今まで何のためにやってきたんだろう、何を必死に掴み取ろうとしていたんだろう。全部無駄だったんじゃないかな。今までの生き方は間違っていたんじゃないか。自分はいろいろなことから逃げてきたのだろうか。自分はダメな人間だ。そう思い絶望していました。

「too much happy」はダメ？

師が教えてくれたことは、それだけではありません。

何でも「too much（過度）」はよくない、波があるのではなく、穏やかでバランスが取れていること、それが本当の幸せなのだと。

その教えに衝撃を受けつつ、反発する自分もいました。

たしかに、「too much sad（悲しすぎる）」がダメなことは理解できる。でも、「too much happy（幸せすぎる）」もダメなことは理解できなかった。どうして幸せすぎるのがダメなの？　楽しいときに思いっきり楽しんだらいけないの？　感情の起伏があるから、人生は楽しいんじゃないのかな？　授業を聞きながら、そう心の中で反論していました。

感情的だったわたしは、感情の赴くままに行動してきた。次にすることを衝動的に決めて、行動に移しています。その一つひとつの行動を見れば、「行動力があってすごい」と思う人がいるかもしれません。

でも、それまでの人生を俯瞰して見てみると、感情の起伏が激しく、too much happyとtoo much sadの繰り返し。「次に進もう」と決めたら、一気に行動に移せる一方、落ち込むと数カ月間、引きこもりになってしまいます。

それでも、そうやって少しずつ前に進めている気がしていました。苦しかったこともつらかったことも振り返れば笑えたし、それこそが人生だと思っていた。だからこそ、「自分の感情」をとても大切にしていました。

でも、心の奥では気付いていたのだと思います。バランスや穏やかさが大切だってことに。

環境だけを変えても意味がない

わたしを知ることからは、もう逃げられない

インドでの生活は、ひたすらヨガを学び、自分自身と向き合う日々。

これまでの人生を振り返ってみると、「変わらなきゃいけない」と気付いて行動を起こすことで「環境」を変えてきました。**それは大きな変化を起こさないと、変われないと思っていたからです。**

たとえば、「変わりたいから海外に行こう」と思って、就職せずにロンドン留学したり、海外就職後も、「このままの自分じゃダメだ」と思って、セブ島で勤めていた会社を辞めたり。

その選択自体は逃げではなかったと思います。でも、**そうやって環境を変えること**

で、自分自身と向き合うことからは逃げていたのです。しかし、それでは自分自身を知ることができず、自分がどうなれば幸せになれるのかもわかりません。

一方、インドでは「変わらなきゃいけない」と気付いていても、環境を変えることができませんでした。

ヨガの授業は、月曜日から土曜日まで。毎朝5時に起きて、6時から30分瞑想をして、2時間ヨガのレッスンを受けます。そのあとはヨガ哲学を学び、夕方にまたヨガのレッスンを2時間受けて、瞑想を1時間するような生活です。周りには娯楽がなく、ヨガしかやることがない環境。アーサナ（ヨガのポーズ）は苦手でしたが、それを強制的にやらされます。

このように環境を変えることができず、自分自身と向き合うことから逃げられなかったのです。

その状態になって、はじめて気付きました。変われないのは環境のせいだ、環境が変われば、自分は変われるんだ。そう言い訳ばかりしていた自分自身に。そして、わ

たしが変われなかったのは、環境だけを変えていて、自分を変える努力を何一つしていなかったからだ、と。

それに気付いてからは、自分と向き合っていくうちに、カラダが少しずつ変わっていき、心の中でも変化が生まれていったのです。

わたしの中に起きた、小さな変化

今までの考え方や生き方は間違っていたんじゃないか？　そう思い、自分自身と深く対峙したことで、気付いたことがあります。それは、わたしの中でいろいろなことを自分の都合のいいように勝手に決めつけ、判断していたこと。たとえば、次のようなことです。

・感情のコントロールができなくて、思ってもないことを言ってしまう
・相手を試すような行動をして、愛されているか確認する
・過去の嫌だったことにとらわれて、今を見失ってしまう
・いつまでも「されたこと」を根に持ち、何かにつけてそのことを思い出し、苦しく

なって爆発する
・「こういう人はこうするはず」と決めつけがち
・結局、誰もわたしのことを愛していないと思い込む

自分が、なぜそんなふうに考えてしまうのか。それがどれだけ愚かで、自分自身を苦しめているのか、わかっていませんでした。その考え方に、疑問すら持ったことがなかったのです。

授業を聞きながら、そして授業のあとも、ずっと考えていました。なぜ、わたしはそんなふうに考えてしまうのか。毎日、ヨガ哲学を学び、それを自分自身に結びつけて考え続けました。

自分の中に渦巻く、いろいろな感情や過去の出来事と向き合うことになり、つらくて、苦しくて、泣いてばかりいました。

しかし、卒業間近のある日、気付きます。あんなに苦痛だった毎朝30分間の瞑想が

苦痛ではなくなっていることに。

それまで、成長していない、変われていないないと思っていた。でも、確実にわたしの中で変化が起きている。そのことを知り、自分の中の変化に目を向けるようになりました。すると、あんなにカチカチだったわたしのカラダが、少しだけ柔らかくなり、明らかに身体の変化が起きていることに気付いたのです。それに、あんなに反発していたヨガ哲学の教えも、少しずつ理解できている自分がいました。

少しずつだけれど、確実に変わっている自分に気付いたとき、それまでモヤモヤしていた重たい心がスッと軽くなったのを感じました。

アーサナで「自分の内側」を見つめる

インドでのヨガ留学では、アーサナをすることによって、自分の中に「恐怖心」があることも知りました。

アーサナがエクササイズと違うところは、身体を使うことで「自分の内側」を見つめ

られるところだと思います。わたしもアーサナをすることで、自分の思考の癖に気付いたのです。

今までやったことのないアーサナに挑戦するのは怖くて、いつもためらってからやる自分がいました。

やりたくない、逃げたい。でも、逃げずに乗り越えたい。でも、できなかったら自信をなくすから、「失敗するのが怖いからやらない」と言う。そして、周りから「やってみよう」と言われて挑戦して、できるようになる。わたしの人生は、すべてがこの流れだと気付きました。

アーサナをするときには葛藤が生まれて、正直、アーサナをやるのも嫌だった時期があります。身体が硬くて、ファイナルポーズにまったく到達しないわたし。アーサナが本当に嫌で、何度も逃げようと企んでいました。

それでも逃げ出さずにがんばれたのは、インドのアーサナの師ができるまで言い続けてくれたおかげです。できないじゃない、やるんだよ。怖くない、と。

先生は、わたしができることを信じてくれていた。それに、人間はみんな同じ構造をもっているから、練習すれば絶対にできる。先生は、人間の可能性を本気で信じていたのです。

最初の頃、自分にできるわけがないと思った。でも、先生はずっとできると言い続けてくれた。

そう言われて、わたしもわたしを受け入れてくれる人の言葉は信じようと思えた。だから、「もう、やだ！」と言いながら、アーサナに挑戦する。そして、心地よくてちょっとだけ痛みがあるところで、ゆっくり呼吸することを毎日根気よく続けました。

そうしたら、今までできなかったアーサナも徐々にできるようになったのです。

つらくて、苦しくて、何度も逃げ出そうとしました。でも、諦めました。**自分からは逃げられないことに気付いた**からです。自分自身とは、一生向き合って生きていくしかない。だから、自分を愛せる自分になろう、と。

こうして逃げずに挑戦する経験をしたおかげで、それからは人生の困難から逃げずに挑戦できるようになったのです。

インドで学んだ「生きていく上で大切なこと」

あたりまえのことなんてない

インドでのヨガ留学が終わったあと、わたしは遂に日本に帰国するのです。そして、日本でお湯の出るシャワーを久しぶりに浴びたとき、涙が止まらなくなりました。ふかふかの綺麗なベッドで寝たときにも、涙がまた止まらなくなったのです。

ヨガ留学中は、お湯の出ない生活で、シャワーは水しか出ません。ロングヘアのわたしは髪の毛を洗うだけでも大変でした。清潔な環境ではなく、持参したバスタオルを床に敷いて寝ることも。洗濯機がなかったので、洗濯は毎日手洗いです。宿泊していた部屋は、当然玄関に鍵がかけられたのですが、ある日なぜか突然夜中にインド人の男性が部屋に入ってきたことさえありました。そのときは自分でもビックリするくらいの大声で悲鳴を上げたら、その人は飛ぶように逃げていったので、自分の身を守ることができたのですが……。

生活していくだけでも大変でしたが、それ以上に自分自身と向き合うことが大変だった。だから、生活上のストレスに、あまり気付いていなかったのです。

でも、これまであたりまえだと思っていた生活に戻ってきたとき、**「あたりまえの生活がどれだけ幸せか」**に気付きました。

今まであたりまえだと思っていたことは、あたりまえじゃなかった。それを知って、とても小さなことにも、幸せを感じられる自分になれたのです。

身の回りに起きた、たくさんの変化

帰国後のわたしは、まず自分の部屋をシンプルな状態にしました。

もともと片付けが苦手で、物を捨てられなかったので、部屋の中はたくさんの物で溢れ、ごちゃごちゃとしていたからです。

インドでは、必要最低限の物だけで生活していました。だから、部屋の中を見たとき、驚いたのです。なんで、こんなに物が溢れているんだろうと。

生きていくのに必要なものは、そんなに多くない。それをインドの生活で知ったので、必要のないものは一気に手放すことができました。自分にとって必要なものはこれくらいだ、そうわかるようになったのです。

シンプルになったのは、部屋だけではありません。見た目や言動も変わりました。セブ島にいた頃は、髪の毛は明るかったし、化粧も濃かった。強がって、きついことをストレートに言うことも。そうしていたのは、自信がなくて、自分自身をよく見せたかったから。周りに自分の弱さを知られたくない、自分は間違っていないと思いたい。心のどこかに、そういう気持ちがあったのだと思います。

でも、インドから帰国したあとは、明るかった髪色を黒くして、化粧もナチュラルになりました。誰かに何か言われたわけではないけれど、見た目を過度に飾らなくなったのです。

以前のわたしは気付いていませんでした。**平凡な毎日の中でも、自分が少しずつ変化していることに。**だから、新しいことを探したり、環境を大きく変えたりしないと、自分は変われないと思っていたのです。

でも、インドに行ったことで、平凡な毎日の中でも、少しずつ努力を重ねることで変われることがわかりました。それに、同じ日は二度と来ないことも。

だから、too much happy を求める生き方をしなくていい、そう思えるようになった自分がいたのです。


こうして、わたしはインドから「生きていく上で大切なこと」をたくさん教えてもらいました。


ただ、インドには感謝していますが、インドは今でもだいっきらいです（笑）。潔癖症なわたしからしたら汚いし、不便だし、人もちょっと鬱陶しい。

二度とインドには行かない。日本に帰る前は、そう思っていました。でも、行きたくないのに、きっといつかまた行くことになるだろうなと思っているから不思議です。

正直言うと、ちょっとだけ恋しいです。本当にちょっとだけ。

新しいわたしを見つける

STEP 4

カラダと心を繋げる

—

プラーナヤマ
生命エネルギーのコントロール

第3章では、環境だけを変えても自分を変えることはできなかったエピソードをお伝えしました。

この経験とつながるヨガの八支則の教え、**「プラーナヤマ」**。**プラーナヤマは「生命エネルギーのコントロール」**を意味します。**第4段階のプラーナヤマは呼吸法。**横幕真理流に言うと、「わたしのカラダとわたしの心をつなげる」こと。

プラーナとは生命エネルギーのことで、生命エネルギーは5つあります。その中の1つ「呼吸」だけが自分の意志で、唯一コントロールできるもの。呼吸を通じて、身体を整え、心を整えることができるといわれています。

呼吸は、自分の「今」を表しています。少し想像してみてください。

たとえば、あなたが怒っているときや、イライラしているときは、どんな呼吸をしていますか？

怒っているときの呼吸は浅く、緊張しているときや、恐怖に身をすくめているときには、呼吸が止まることもあるかもしれません。逆にリラックスしているときは、深い呼吸になっているはずです。

でも、普段、呼吸に意識を向けていないわたしたちは、ずっと同じように呼吸をしているつもりでいると思います。自分の呼吸が浅くなったり、深くなったりしていることに気付いていないのではないでしょうか。わたしはヨガと出逢うまで、自分の呼吸について考えたこともありませんでした。

あなたも今、がんばりすぎていませんか？　呼吸、止まっていませんか？

少し呼吸を意識し、コントロールするだけで、心だけでなくカラダも変化していきます。それを強く実感したのは、呼吸に意識を向けることを毎日続けることで、気付いたら8キロも痩せていたことです。「大きな変化」を起こさなくても、毎日の「小さな努力」で変わることができる。そのことを呼吸が教えてくれました。

以前のわたしは、「今の自分自身の状態」を知ろうとしていませんでした。

太っている自分が嫌いなので、体重計に乗らないようにしたり、体型を隠す服を着たり。そうすることで、自分自身と向き合うことから逃げていたのです。
それに、目指すべきゴールもわかっていなかった。漠然と「痩せたい」とは思っている。でも、どこをどんなふうに痩せたいのか、痩せてどうなりたいのか、それを考えていませんでした。

その結果、正しい努力の仕方がわからないまま、結果だけに執着していました。「ダイエットするぞ！」と意気込んで始めても、体重が減ったり増えたりすることに一喜一憂して、「こんなに頑張ったのに、全然痩せない……」と落ち込むことの繰り返し。そして、「わたしはどうせ痩せられない」と思い込んで、ダイエットに挫折していたのです。

一方、インドでのヨガ留学では、振り返ると、体重が減るという結果に執着していませんでした。
まず、今の自分自身の状態を、呼吸に意識をむけることで知ることができた。そして、穏やかな呼吸を意識することで、心が安定し、結果に一喜一憂することがなくなりました。

10代の頃から痩せたくて、いろいろなダイエットに挑戦しても、失敗を繰り返してばかり。それなのに、インドでたった45日間、毎日少しずつ努力を重ねることで、10年以上の変化を得ることができました。

そうは言っても、呼吸に意識をむけるだけのそんな小さなことで変われるの？　と、あなたは思うかもしれません。

でも大丈夫。**「大きな変化」を起こさなくてもいい。**日々、少しずつ呼吸を整えることで、カラダが変わることや心が成長することができるのだから。

CHAPTER 4

バイロンベイで見つけた道

やっと見つけた、生きる道

わたし、ヨガで何がしたいの？

インドでのヨガ留学後、ヨガの効果をより強く実感できるようになりました。ヨガを学んでいるときは、たくさんの気付きがあり、たくさんの混乱もあり、ヨガの効果を実感する余裕がなかったように思います。でも、落ち着いた状態で改めて振り返ってみたら、ヨガで変われた自分がいることに気が付いたのです。心が軽くなって、生きやすくなった。気付いたら痩せていた。ヨガってすごい。ようやく、自分のやりたいことを見つけた。わたしの「これだ」って言えるものはヨガだ！　効果を実感したことで、「ヨガで何かをしたい」と思い始めます。

その気持ちをもって、2017年3月、日本に帰国しました。

ヨガで何かをする第一歩として、はじめに考えたのが、ヨガインストラクター。でも、自分に自信がなくて、まだまだ身体も硬かった。「こんな身体の硬いわたしが生徒さんに教えられることなんてない」と思っていました。それに、ヨガを教えるスキルがなく、レッスンする場所もありません。だから、インドから帰国してすぐには、インストラクターデビューできませんでした。

やりたいことは見つかったけれど、組織に属することは考えていない。これから、やりたいことを、どうやればいいいんだろう？

これまでと同じ日常に戻ったら、やっぱり昔の「思考の癖」に引っ張られてしまい、自分の将来に悩み、落ち込み、立ち止まってしまいます。

わたしがやりたいことは、ヨガインストラクターなのかな？　そう改めて考えたとき、ヨガでやりたい、あることに気付いたのです。

わたしは、誰かの人生が変わるきっかけづくりがしたいんだ。そして、インドに旅立つ前の自分のように、**「変わりたい」と人生に悩み、苦しむ人たちの力になりたい。**そんな結論に行き当たりました。わたしにできること、それは、ヨガで人生が変わった自身の経験を伝え、同じように体験してもらう機会をつくること。

そうだ、ヨガスクールを立ち上げよう。そしてより多くの人をヨガでハッピーにするんだ。

こうして改めて、自分のやりたいことに気付いたわたしは、ヨガスクールを立ち上げるために動き出したのです。

まさか、わたしが先生に

ずっと行きたかった街、バイロンベイ

わたしはヨガスクールを立ち上げるために、もう一度、ヨガ留学に行くことにしました。今度はインストラクターではなく、スクールを運営する立場でヨガの学びを深めたかった。それに、ヨガスクールを立ち上げるための仲間とも出会いたかったからです。

次の留学先に選んだのは、**オーストラリアのバイロンベイ。**

バイロンベイに興味をもったのは、セブ島で働いていたときです。昔から、健康や美容、ダイエットに興味がありました。でも、フィリピンの食事は脂っぽいものや塩分が多いものばかりで、生野菜はなかなか食べられません。だから、セブ島に住んで

いると、食事に困ることがよくありました。

健康的な食事に興味をもつようになって、オーガニックフードなどを調べていたとき、バイロンベイが「オーガニックの街」だと知ります。そのときから、「バイロンベイに行ってみたい」という気持ちが生まれていたのです。

バイロンベイ到着直後に来た、予想外の連絡

２０１７年10月、わたしはヨガを学ぶため、バイロンベイへと飛び立ちました。バイロンベイに到着した2日後、いきなりヨガインストラクターのお仕事が舞い込んで来ました。そのきっかけとなったのがＳＮＳです。

もともと、わたしはＳＮＳで発信するのは苦手なタイプ。「これを投稿したら、どう思われるんだろう？」と気にして、すっかりＳＮＳ恐怖症になっていました。

でも、よくよく考えてみたら、そこまでフォロワーがいるわけではない。誰もわたしの投稿を見ていないだろう。メモとして、気付いたことを残しておきたい。文章を書く練習もしたい。

そう思うようになり、インドから帰国後、SNSで「ヨガのこと」や「自分の想い」を発信していました。ヨガ留学のエピソードを交えながら、自分はヨガでこんなに変わることができたのだ、と。

すると、その投稿を見てくれた方がいました。セブ島にある日系ホテルの支配人の方です。その方が**「もしよかったら、うちのホテルでヨガインストラクターをしませんか？」**と声をかけてくれました。

ただ正直なところ、最初は迷っていました。とにかく自信がありませんでした。バイロンベイに着いたばかりだったし、2週間後にレッスンできている自分の姿を想像できなかった。まだまだカラダは硬く、スキルも経験もない。ましてや、わたしはヨガインストラクターになりたいのではなく、スクールの経営をしたいと思っている。でも、そんなわたしがインストラクターのお仕事をもらえるチャンスは滅多にありません。とてもありがたいことだし、挑戦してみたかった。

だから、支配人の方にお返事しました。2週間後にバイロンベイでヨガ留学が終わるので、そのあとでぜひやらせてください、と。こうして、バイロンベイでヨガを学ぶ前から、卒業後すぐにヨガインストラクターとしてデビューすることが決まっていたのです。

見つけた道の先に訪れた試練

心の中にあった、アーサナへの苦手意識

バイロンベイで受講していたのもRYT200を取得できるコースです。バイロンベイのRYT200取得講座では、29のポーズを学び、ポーズを誘導する方法や、レッスンのつくり方などを教わります。

しかし、ポーズを誘導するときの具体的な言葉まで教えてもらえるわけではありません。だから、どう誘導するかは、自分で考える必要があったのです。

また、最終テストにあたる「卒業発表」では、29ポーズの中からポーズを選び、自分なりに組み立てたレッスンを発表します。90分間のレッスンを1人30分間ずつ、3人で順番にまわしていきます。

その30分間の内容に加え、わたしは2週間後に控えるセブ島の日系ホテルでのデビューレッスン用に60分間のレッスン内容を考え、生徒さんを誘導できるようになる必要がありました。

やるべきことは、それだけではありません。苦手なアーサナから「逃げたい」と思う気持ちを克服すること、それもわたしが乗り越えなければいけない試練でした。

インドでは、アーサナをすることで、自分の思考の癖に気付けることは理解しました。ただ、そうなると、アーサナ中は自分の「嫌いなところ」や「できないところ」に気付くことになります。わたしの中で、「アーサナ＝自分自身のネガティブなところと向き合わなければいけない時間」になっていたのです。

だから、アーサナの練習をするのがつらくて、ヨガマットを見るのも嫌な時期がありました。もう練習したくない、そう思ってクローゼットの中にマットを隠しては、目につかないようにしたことも……。インドでは、アーサナへの苦手意識を克服できなかったのです。

ただ、そこからずっと逃げていることが気になっている。だから、今度こそそれを乗り越えよう、そう思ったのです。

「カラダが変わる瞬間」に立ち会える仕事

そして、バイロンベイでアーサナと真剣に向き合った結果、ようやく本当の意味での「アーサナの大切さ」に気付きました。

それまでのわたしは、ヨガを実践することで「心が変わること」や「カラダが変わること」は少しずつ理解していきました。しかし、心とカラダのつながりを理解することがあまりできていませんでした。でも、バイロンベイで出会ったアーサナの師との出会いで、自分の心とカラダのつながりを実感できたのです。

バイロンベイでのレッスンは英語でおこなわれます。先生は生徒一人ひとりのことを考えて、その人にとって必要なヨガを言葉ではなく心で伝えようとしてくれました。そのおかげで、わたしのカラダは変わっていきました。

ある日のレッスンの前、わたしは「腰に少し痛みがあること」を伝えていました。すると先生は、腰が痛くても効果が得られるポーズを教えてくれた。すると、とても快適にポーズが取れたのです。

ほかにも、先生は硬いのが一目瞭然だったわたしのカラダを調節してくれたり、わたしがポーズを快適に取れるように、さり気なく誘導してくれたり。

それによって、完璧にポーズが取れなくても、アーサナでこんなにちゃんと効果を感じられるんだ、そう気付くことができました。ポーズを完璧に取ることがヨガではないということを本当の意味で理解できた瞬間でした。

先生のおかげで、たった1時間のレッスンでも、自分のカラダが変わる体験ができた。そのとき、はじめて思ったのです。**何かが変わる瞬間に立ち会えるヨガインストラクターは、なんて素晴らしいお仕事なんだろう!** わたしが目指す「誰かの人生が変わるきっかけづくりをしたい」という想いとも通じるものがあります。

わたしもこんな「師」になりたい。レッスン中、その想いが溢れて感動したわたしの目からは、涙が自然とこぼれていました。

身体からのアプローチで、心は変えられる

また、アーサナを通じて、わたしの心はオープンになりました。

インドでのヨガ留学中、自分の部屋ではしょっちゅう泣いていましたが、人前で泣いたことはありません。人前で自分をさらけ出すことに抵抗感があったからです。

自分の心を変えることは難しくて、バイロンベイに来るまで「心がオープンになっていない」と気付いても、なかなか変わることができず、苦戦していました。


しかし、バイロンベイでアーサナに真剣に取り組んだ結果、身体からのアプローチで、心も変わりました。

わたしは肩が内側に入っていますが、それは心を見せることが怖い人に多いそうです。肩周りを内側に入れることで、ハートの部分を守っているのだと教わりました。だから、苦手な後屈のポーズ（背骨を反らせるポーズのこと）を何度も練習することに。するると、胸が開いて、呼吸がしやすくなり、心がオープンになりました。この経験か

ら、身体と心は本当につながっていることを学ぶことができたのです。

ただ、心がオープンになったことで、バイロンベイでは、すっかり泣き虫キャラに。レッスン中によく感動しては、いきなり涙が出ることが少なくありませんでした。

こうして、アーサナの大切さに気付いたことで、アーサナから「逃げたい」と思う気持ちを克服できたのです。

緊張とプレッシャーで大号泣の卒業テスト

「誰よりもうまくレッスンしなきゃ」

いよいよ、卒業発表の日がやってきました。発表の場は、外部の生徒さんも入れる、無料開放されたスタジオです。実際のレッスンと同じ雰囲気の中で、発表しなければなりません。

とても緊張していましたが、同期メンバーの25人中、トップバッターで発表することに。十数人の生徒さんが集まってくださり、その周りに先生たちや同期のメンバーがいるので、スタジオにはたくさんの人がいる状態です。

ちゃんとレッスンできるのかな……。だんだんと不安になってきたわたしは、レッスン開始5分前、みんなの前で泣き出してしまいます。

わたしは自分にプレッシャーをかけて、必要以上に緊張していました。
この中で、RYT200をすでに取得しているのは自分だけ。それはみんなも知っていて、「レッスンできることはあたりまえだ」と思われていた。あなたは、インドで学んできているからできるよね。その言葉を聞いて、誰よりもうまくレッスンできる人だと思われたい、そう強く思うようになったのです。

ポーズを誘導する言葉をちゃんと言わなきゃ、考えてきた台本どおりにやらなきゃ。そう考えては、自分を追い込んでいました。

「正しい言葉」を言うよりも大切なこと

泣き出したわたしを落ち着かせようと、先生は「大丈夫、ゆっくりと呼吸して」と呼吸に意識を向けるように声をかけてくれました。そんなこと言われても、このあとすぐにレッスンをしなければいけない状況下で泣き続けるわたし。すぐに落ち着くことなんてできない！　そう思いながらも、言われた通り深くゆっくりと呼吸を繰り返しました。

すると、自然と心も本当に落ち着いてきたのです。改めて、呼吸がいかに心とカラダに影響を与えるかを感じた瞬間でした。そして、落ち着きを取り戻したわたしは、自分が感動したこれまでのレッスンを思い出します。

バイロンベイでヨガ留学している間、先生の言葉は、すべて英語でした。それでも、泣けるほど感動するレッスンを受けることができたのは、「想い」でヨガを伝えてくれたから。

正しい言葉を使うだけではなく、一人ひとりに気を配る。そして、「みんながどうしたら快適に、楽しくレッスンを受けてくれるんだろう？」と真剣に考えて、アーサナを指導する。それが良いインストラクターなのだと思います。

想いは、言葉を超える。そのことを先生は教えてくれたから、アーサナのレッスンで、わたしの身体も心も変わることができました。わたしも、そんなインストラクターになりたいと思ったのです。

「どんな言葉を使うか」よりも、**「どんな想いを乗せて言葉を発するか」のほうが大切**

であることを学んだのです。

誘導の言葉を正しく言うことより、もっと大切なことがある。そのことを思い出したわたしは、自分自身に矢印が向いていたことに気付きます。

上手にレッスンがしたい、みんなに「すごい」と思われたい。そのことばかり考えていた。でも、大切なのはそこじゃない。ヨガってすごいんだよ、ヨガってこんなに効果があるんだよ。それを伝えたかった。だから、安全に正しく身体を使ってもらえるように、一人ひとりの生徒さんに気を配ってレッスンしよう。

そう思い直したことで、卒業発表では最後までしっかりとレッスンできたのです。

ありがとうの1000円がわたしに教えてくれたこと

手渡された「1000円」の重み

オーストラリアのバイロンベイで卒業発表をして、再びフィリピンのセブ島へ。わずか4日後の2017年11月5日。セブ島の日系ホテルで、インストラクターデビューが待っていました。

わたしのレッスンに集まってくれた方は7人。60分間のレッスンはなんとかやり終えましたが、終わった直後は反省点だらけ。あれもできなかった、これもできなかったと、レッスンを振り返っては落ち込んでいたのです。

しかし、生徒さんが帰り際に言ってくれたのです。「ありがとう、疲れが取れたよ！はじめてヨガをしたけれどいいね！」と。

その言葉が、とてもうれしかった。完璧なポーズを取れず、ポーズの誘導に詰まった場面もあったのに、生徒さんは感謝してくれた。自分にもできることがあるんだ。そう思えました。

そして、ホテルからはレッスン料として日本円にして約「1000円」をいただきました。セブ島はヨガのレッスン料が安く、1000円を少なく感じる人もいます。しかも、そこから交通費を引けば、手元にはほとんど残りません。それでも、わたしには大金以上の価値がありました。

これまで、自分の仕事が誰かの役に立っているという実感を得られず、お給料は決まった金額が銀行に振り込まれるという働き方しかしたことがなかったので、お金を稼ぐことの本当の喜びを知りませんでした。

だから、ヨガのレッスンをして、生徒さんに「ありがとう」と声をかけていただき、お給料を手渡しでいただいたとき、これまで感じたことのない感情が沸き上がりました。こぼれそうになる涙を必死にこらえ、喜びにふるえながら、いただいた1000円を握りしめました。

このときの1000円は、それまで手にした、どんな金額の給料よりも重かった。帰り道、わたしはそのお金を握りしめながら泣きました。

セブ島で「ヨガ留学」プログラムを立ち上げたい

「ヨガスクールを立ち上げよう」と思って動いていましたが、実際は想像以上の準備が必要で、お金もなく、ヨガスタジオの開業は難しいことがわかりました。

そこで、バイロンベイから帰国したあとに考えたのが、セブ島でヨガ留学プログラムを立ち上げること。

日本人の方にセブ島に来てもらって、合宿形式で学びながらヨガの資格も取る「ヨガ留学」。わたしは「海外」と「ヨガ」で人生が変わった。ヨガ留学プログラムを立ち上げれば、その経験を活かして誰かの変わるキッカケになれるのでは、と考えたのです。

さっそく、セブ島でヨガ留学プログラムを立ち上げるために動き出したわたし。

当時は、その立ち上げと並行しながら、日本語のヨガイベントを開催したり、ヨガレッスンをさせてもらったりと、インストラクターとしても活動していました。

インストラクターデビューしたセブ島の日系ホテルでも、支配人の方から「今後もやってみませんか？」とお声がけいただき、定期的にレッスンしていました。

応援してくれた、たった一人のファン

いきなり有名ホテルのインストラクターに

また、ご縁がつながって、外国の方に英語でヨガを教える機会に恵まれました。わたしは海外でインストラクターとして活動する以上は、日本の方に向けてだけでなく、「外国の方に向けて英語でヨガを教えられるようになりたい」とよく話していました。

すると、いつもわたしのレッスンに来てくれていた生徒さんが、声をかけてくれました。「知り合いのフィリピン人でヨガスタジオを経営している人がいるから、今度紹介するよ。その人を真理先生のレッスンに連れてくるね」と。

そこで、紹介してもらう日まで必死で勉強して、当日は英語と日本語を混ぜたバイリンガルヨガのレッスンを披露したのです。

勉強が間に合わず、英語は拙くて、全然うまくできませんでした。でも、そのヨガスタジオを経営する人は、わたしにこう言ってくれました。いいレッスンだね、うちのスタジオでレッスンしてみませんか、と。

その方はセブ市のシンボルの一つでもある「Water Front Hotel（ウォーターフロント ホテル）」の中にあるスポーツジムのマネージャーで、そのジムのヨガインストラクターとしてわたしに声をかけてくれたのです。

それから、Water Front Hotelのジムで週3回、朝7時から60分間の「英語でのヨガレッスン」を受け持つことになったのです。

続ける勇気をもてたのは、一人の応援があったから

Water Front Hotelでのデビューは1週間後。それまで、ほぼ寝ずに練習しました。

その頃のわたしは、セブ島の日系ホテルに宿泊する生徒さんだけではなく、セブ島に住む日本の方にもヨガレッスンを提供していました。レッスン後に、「Water Front Hotelで、英語でレッスンすることになったんです！」と伝えると、みなさんが喜んで

くれました。なかでも、特に応援してくれたのがシズコさんです。

朝7時から始まるレッスンなので、応援してくれる気持ちはあっても、本当に来てくれる人はなかなかいないでしょう。しかも、そのジムは会員制で、非会員がヨガレッスンを受ける場合、毎回お金がかかります。それなのに、シズコさんはわたしのデビュー初日からレッスンを受けにきてくれました。

でも、デビュー初日はボロボロ。全然自分の思い描いていた理想のレッスンはできなかった。もう辞めたい、1回はがんばったし、もうやりたくない。やっぱりわたしには英語でヨガも教えるなんて無理だったんだ。辞めよう……。シズコさん、ごめんなさい。そう心の中で思っていました。そんなわたしに、シズコさんは「すごいがんばったね、次も来るね！」と声をかけてくれたのです。

その言葉がうれしくて、**「一人でも応援してくれる人がいるのなら、やらなきゃ。もう少しがんばってみよう」**と思うことができたのです。

結局、英語でのレッスンに自信がつくまでかかった期間は約1カ月半。そのあいだ、シズコさんはなんと毎回、通い続けてくれました。

シズコさんがいなかったら、1回で辞めていたし、二度と英語でヨガを教えようと考えることはなかったと思います。たった1人のファンがわたしに夢を諦めない強さと勇気をくれました。

もともと、シズコさんをはじめとする日本人の方々向けにおこなっていたヨガのレッスンはお昼の時間帯。Water Front Hotelでのヨガクラスを受け持つようになってからは、朝はホテルでの英語のヨガレッスン、昼は日本人の方向けの日本語のヨガレッスン、というスケジュールの日もありました。そのときもシズコさんは、朝と昼、1日2回もわたしのレッスンを受けに来てくださったのです。

さらに、シズコさんはいつもレッスンのあとにわたしを車で自宅まで送り届けてくれていました。

ある日、わたしがまた自分で納得のいかないレッスンをしてしまった日がありました。その日ばかりは**「早く1人になりたい。誰とも話したくない」**という想いが強すぎて、シズコさんを置いて、レッスン後すぐに1人で帰ってしまったのです。

自宅に帰ってから、その日のレッスンを思い返し、悔しさで膝を抱えていると、携帯には一通のＬＩＮＥ通知が。画面を開くと、シズコさんから「今日のレッスンもとてもよかった。感動したよ」と一言。

その温かい言葉に、わたしの方が感動してしまい、それまで必死にこらえていた涙が膝の上にこぼれ落ちていったことを昨日のことのように覚えています。

悔し涙はそれまで何度も流してきました。その度に少しずつわたしは強くなっていったと思います。

でも、**人のやさしさに触れて流す感動の涙は、その悔し涙の何倍も、わたしを強くしてくれるのだと、シズコさんが教えてくれたのです。**

「できない」よりも「やりたい」と言い続ける

シズコさんがこんなわたしを応援してくれたのは、わたしが夢に向かって、真っ直ぐに走っていたからかもしれません。

日本にいるときのわたしは、「大人になったら、大きな夢を語るのは恥ずかしい」と思っていました。大きな夢を語れば、馬鹿にされるのではないか。そう思って怖くて夢を語ることはできませんでした。

実際ヨガと出合うまで、自分の夢を語っても、馬鹿にされることが少なくありませんでした。**「現実を見なよ。どうやって実現するの？」**と言われることが何度もありました。

その当時のわたしは自分のことが大嫌いで、自信もなかった。他人のことも信じていなかったので、褒められても、相手の言葉を素直に受け入れられません。「みんな、自分の敵だ」と思っていたのです。どうせ話しても、わかってくれない。人との距離を感じ、ずっと孤独でした。

しかし、ヨガと出合ってから、変わりました。自分のことを応援してくれたり、肯定して信じてくれたりする人が、周りにたくさん増えたと感じます。

人を理解したい、そして人から理解してもらいたい、そう思う自分がいました。なにより、理解しようとしてくれ、どうしようもないわたしを受け入れてくれる人がいます。**わたしに信じる気持ちが芽生えたからこそ、信じてくれる人の気持ちに気付けるようになった**のだと思います。

それに、バイロンベイから帰ってきた頃には、心がオープンになっていて、人前で自分を出せるようになっていました。

人前でも感動して涙を流したり、思ったことをバーっと話して伝えたり。

だから、恥ずかしげもなく、今の自分には大きすぎる夢でも、声に出し続けられました。ヨガで世界をハッピーにするんだ、ヨガ留学を立ち上げるんだ。「できない」よりも「やりたい」と。

そしてそんなわたしに、シズコさんは、「真理ちゃんのことをずっと応援するね」そう言って、わたしのことを支えてくれたのです。

わたしが捨てた SNSのフォロワーの数

ありのままのわたしを発信する

わたしは本音でしか文章を書くことができません。取り繕って書こうとすると、1文字も書けなくなるからです。

でも、本音で書いた文章を発信しているからこそ、信用してもらえ、応援してくれる人が増えました。

わたしはインスタグラムに長文で投稿することがよくありました。インスタグラムのメインは写真。だから、みんな文章は見ていないだろう。そう思って、自由に書いていたのです。

すると、読んでくれている人がいました。がんばっているね、かっこいいね、そんな風に声をかけてくれ、応援してくれる人が、どんどん増えていきました。

そして、学生時代の同級生から、体操教室でのヨガレッスンを頼まれたり、セブ島にいるフィリピンの方から、オンラインでのヨガイベントのお話をいただいたり。わたしの発信を見た人たちが、「ヨガインストラクターとして活躍できる場所」を用意してくれたのです。

SNSの投稿には、いろいろなテクニックがあります。しかし、それよりも大切なのは、**自分の想いを言葉に乗せて発信する**こと。

そうすれば、自分の想いに共感してくれた人が、活動の場や人をつなげてくれて、大きなチャンスになることがあります。それを実際に体験したことで、SNSではフォロワーの数は関係ない、そう思うようになりました。

わたしはシズコさんがずっと応援してくれたから、英語でヨガを教えられるようになりました。**たくさんのフォロワーがいなくても、たった1人でも応援してくれる人がいる。そのことが前に進む原動力になりました。**

できないことは「できない」と言う

また、できないことを隠すのではなく、「できない」と言うことで、誰かに勇気を与えられることもあります。

カラダがやわらかくて、完璧なポーズを取ることができる。ヨガのインストラクターには、そんなイメージがありませんか？　そのイメージがあるせいで、自分のスキルが自らのイメージに追いつかずに、資格を取得しても、インストラクターデビューしないという選択をする方は少なくありません。実はわたしもその一人でした。

でも、カラダが本当に硬くて、ポーズをうまく取れないわたしでも、ヨガの効果を感じ、人に伝えたいという強い想いがありました。だから、従来のヨガインストラクターのイメージを壊したい、そう思ったのです。

そこで、バイロンベイへの留学の後、日本に帰国したわたしは、**「カラダの硬いインストラクター」**として自分を売り出すことを思いつきました。

SNSに、誰が見てもカラダが硬いとわかるような、わたしがポーズを取っている写真を投稿することにしたのです。そして、「わたしはこんなにカラダが硬くても、ヨガインストラクターをしています。だからカラダが硬い人でも安心、初心者の方も大歓迎！　一緒にヨガをやりましょう！」と呼びかけました。最初はとても恥ずかしかった。自分で見ても不格好なポーズ姿をSNSにあげたのだから。

でも、勇気を出した結果、「インストラクターをしてくれませんか？」と声をかけてもらえました。

また、生徒さんから教えてもらったことがあります。それは、カラダの硬いわたしだからこそ、伝えられることがあるということ。カラダが硬いからこそ、ポーズを取るのが苦手だったからこそ、同じ悩みを抱えている方には、より共感し寄り添って指導できる。それは、もともとカラダが柔らかくて難しいポーズを取ることが得意なインストラクター以上に、わたしだからこそできることかもしれません。

もちろん、弱みを少しでも強みに変えていく努力は継続する。でも現実的に、今この瞬間に自分ができないことは、できない。だから、**「弱み」を「個性」へと変えて、わたしらしく、わたしのままで生きていこう。**

そう思えてからは、SNS投稿への恐怖もなくなり、フォロワー数も多くないしテクニックも知らないけれど、自分の発信から仕事につながっていくことが増えていきました。

もしもあなたが今、SNSでの発信が怖い。フォロワー数を気にしてしまう。発信しているのに仕事や収入に結びつかない。そんなお悩みを抱えているのであれば、ぜひ勇気を持って一歩踏み出してみてください。あなたの言葉を必要としている人が必ずいます。

新しいわたしを見つける

STEP 5

勇気を持って一歩踏み出す

—

プラティヤハーラ

制感

第4章では、SNSの投稿がお仕事のオファーにつながったエピソードをお伝えしました。

この経験とつながるヨガの八支則の教え、「プラティヤハーラ」。

プラティヤハーラは「制感」を意味します。わかりやすくいえば、感情に振り回されない強い意志をもつことです。五感（視・聴・嗅・味・触）をコントロールすることをいいます。

情報化社会の中で、あらゆる情報に振り回されたり、誰かのアイディアに惑わされたり、必要ない物を欲しがったりしてしまいます。そうして、わたしたちの心は忙しくなり、疲弊していきます。

あなたも、世の中に溢れかえる情報に、疲れてしまうことはありませんか？　わたしは、SNSからいろいろな情報を受け取り、その情報に対して感情を持ち、その感情に振り回されることがありました。キラキラした人を見れば羨ましいと思い、フォロワーが多い人を見れば嫉妬して、強い言葉で意見を発している人を見れば負の感情を沸き上がらせてしまい、心を乱されていました。

また、今やるべきことがあるのに、目の前に出てきた情報に気持ちが向いてしまったり、フォロワーの数が気になったりしていました。心が混乱し、大切なことを見失ってしまった時期もあります。

そうならないように、プラティヤハーラの教えを実践しましょう。

誰かのアイディアに惑わされたり、必要ない物を欲しいと思ったり、扱いきれないほどの情報に心を乱されないように、自分の意志で五感をしっかりとおさめること。それがプラティヤハーラの教えです。

バイロンベイでの経験は、周りに心を乱されることなく、自信を持ってわたしにフリーのヨガインストラクターとして活動するための術を教えてくれました。

そこからわたしなりに学んだことをお伝えするので、ヨガのインストラクターに限らず、フリーで活動する方、自分を商品として売り出したい、と考えている方に、少しでも参考になれば嬉しいです。

フリーで活動するには、まず、SNSを頑張らないといけない。わかってはいても、フォロワーの数や「いいね」の数を気にして、なかなかSNSに投稿することをためらってしまう人は多いと思います。

わたしもそうでした。こんなこと書いたらどう思われるかな？　この写真で大丈夫かな。もともと考えや想いを言葉にすることが苦手なわたしは、最後の投稿ボタンを押す手が震え、押した後も緊張でずっと訳もなくドキドキしていました。

しかし、今では「自分の想いを言葉にして発信すること」への恐怖はなくなりました。情報を選択できるようになったからです。

自分の夢を語ったとき、周りから「いやいや、そんなのできないよ」とネガティブな発言をされ続けたら、今のわたしでも自信をなくしてしまうと思います。でも、**尊敬する人や好きな人から「大丈夫だよ」「あなたならできるよ」と言われたらどうですか？**　わたしは、「自分を傷つける人」ではなく「応援してくれる人」のおかげで、不安が自信に変わりました。

でもやっぱり、ＳＮＳでの情報はたくさん入ってくるし、フォロワーの数も気になって、一歩踏み出す勇気が出ない方もいると思います。

でも、大丈夫。前向きに頑張っている人は、頑張っている人を否定せずに応援してくれる。そして、応援してくれる人を1人ずつ増やしていく。そうすることで、「こう見られたい」と思う気持ちより、応援してくれる人のために「頑張ろう」という気持ちで前へ進むことができるから。

CHAPTER 5

起業に向けて
バリ島へ

29歳、1万円で社長に

起業することはゴールじゃない

「社長になる！」という高校時代からの夢を遂に叶えました。２０１８年12月25日、わたしは29歳で起業したのです。

これまでは「起業」をゴールに置いて、それに向かって走り続けていたわたし。「起業したい」と思っているうちは、「夢を追いかけるのが楽しい！」という気持ちだけでいられたのです。しかも、周りからは「夢に向かっている人」として、「何者か」に思われている気がして安心できました。

だから、これができるようになったら起業しよう、お金がこれだけ貯まったら起業しよう。そう考えては、起業家として「根拠のある自信」がもてるようになるまで、起業はできないと思っていたのです。

しかし、「ヨガで世界をハッピーにしたい」「ヨガ留学プログラムを立ち上げたい」と思ったときにはじめて、起業することが「ゴール」ではなく「手段」に変わりました。ヨガを必要としている人たちのために、ヨガで人生が変わるきっかけづくりをしたい。そう強く思ったら、それまで起業していなかった理由が、どうでもよくなったのです。

ただ、その頃のわたしは、まだ安定した収入がない状態です。お金なんてまったくないのに起業なんてできるの？　そう思っていましたが、資本金1万円でも会社がつくれることを知ります。結局、お金が貯まらないと起業できない、なんてことはやっぱりただの言い訳だったのです。

こうして1万円と夢だけを握り締めて、株式会社MAJOLIの社長になったのです。

MAJOLIという社名にしたのは、「外見の美しさ」だけではなく「本質的な美しさ」

を追求し、伝えられる会社でありたいと思ったから。

これまでの人生を振り返ると、わたしは真理《しんり》を大切にしていることに気付きました。

真理は、**「シンプルで、ありのままに生きること」の美しさを教えてくれる。**

わたしが憧れる人は、たとえかっこ悪いところがあり完璧でなかったとしても、ありのままに人生を歩んできた人です。その姿に美しさと魅力を感じます。また、わたしの「真理《まり》」という名前は「しんり」と読むこともできます。

こうした理由から、「真実の道理」を意味する真理《しんり》を、わたしの名前の読み方にした「真理（MARI）」と、フランス語で「美しい」を意味する「JOLI」をかけ合わせて、社名を「MAJOLI」としました。

「ヨガで世界をハッピーに」スクール設立に向けてバリ島へ

今のわたしにはできない、その思い込みから抜け出す

起業もして、セブ島でヨガインストラクターとしてのキャリアを積み上げたわたしは、ヨガ留学プログラムを本格的にスタートさせるために動き出しました。

当時、インドにあるヨガスクールとコラボする話や、フィリピン人のヨガインストラクターと一緒にビジネスを立ち上げる話など、いろんな方に協力してもらう話が進んでいました。しかし、なかなか自分の思うように進まないことが多く、モヤモヤとしていたのです。

そのとき気付きました。自分が他力本願になっていることに。

誰かと何かを立ち上げる。誰かとコラボして仕事する。聞こえはいいですが、それは一人でもやれる人同士がコラボするからこそ、初めて大きな結果へと結びつきます。その頃のわたしは、そもそも一人でやれないから、誰かとやろうとしている状態。やりたいことに対してアイディアは出しているものの、それを実現するために「自分には何ができるのか」を周りに示せていません。「誰かの力を頼らないと、RYT200の資格を発行できない」と思っています。

でも、本当にそうなのだろうか？　そう考え直してみたとき、これまでは「どうしたら自社でヨガの資格を発行することができるのか」を考えていなかったことに気付きます。そして、もう一度まずは自分の足で立って、自分一人で、RYT200の資格を発行できるヨガスクールを立ち上げるという覚悟を固めます。**だって、わたしはヨガで世界をハッピーにするのだから。**

わたし自身がインドやバイロンベイなど各地でヨガ留学を体験してきましたが、わたしの住んでいるセブ島には、日本人向けに本格的にヨガ留学をやっているスクールはありませんでした。
「セブ島ではじめての本格的な日本人向けヨガ留学スクールになる」
このヴィジョンに向かって走り出しました。

バリ島が人生を変えるきっかけをくれた

スクール立ち上げに向けたカリキュラム作成や講座運営の勉強のためにも、わたしはRTY500という、同じく全米ヨガアライアンス協会の発行する上位資格をインドネシアのバリ島で取得することを決意します。

ヨガ留学の行き先をバリ島に決めた理由は、バリ島が思い入れのある土地だったからです。

10年前、バリ島は生まれて初めて行った外国。「自分を変えたい」と海外に行くきっかけをくれて、わたしをここまで導いてくれた。**自分を変えるきっかけをくれたバリ島で、自分を変えてくれたヨガを学びたい。**その想いが湧き上がってきたのです。

そして、バリ島で開催されるRYT500取得講座を見つけて、申し込みました。人生で3回目、3カ国目のヨガ留学です。

この講座での出会いも、わたしにいろいろな気付きを与えてくれたのです。

インストラクターのイメージを壊してくれた師

思い込みから抜け出せば、自由になれる

バリ島でRYT500取得講座に参加するまで、わたしは自分のスクール立ち上げ後は、あくまで経営側に回ろうと思っていて、自ら資格講座のインストラクターになることは、まったく考えていませんでした。

しかし、「ある先生」との出会いによって、その考えが変わることになります。

その先生こそが、バリ島の師。インドネシア人の女性の先生です。アグレッシブなバリの師は、それまでわたしが抱いていたヨガインストラクターのイメージからは、かけ離れていました。

バリ島に来るまで、「ヨガインストラクターはスタイルがよくて、見るからに運動していそうな見た目をしていること」があたりまえだと思っていました。でも、彼女はお腹が出ていて、歩くのもつらそうなくらい太っていたのです。

それに、煙草もたくさん吸うし、お酒も飲む。感情的になって、いきなり泣き出したり、話し疲れたら「疲れたから、今日はもう終わり」と授業を終えたりすることも。インドで学んだとき、ヨガ＝欲を捨てるものだと思っていたわたし。だから、これまで抱いていたヨガインストラクターのイメージとは真逆の師と出会い、「この人は本当にヨガの先生なの？」と衝撃を受けました。

ただ、彼女はたしかに太っているけれど、難しいポーズを取れて、ポーズの指導もしっかりできます。その姿から、ヨガは体型に関係なくできることを教わりました。

また、バリ島の師は「ヨガ哲学」を体系的に教えるのではなく、自分の経験談から教えてくれます。

「教科書は講座が終わっても一生使えるものだから、そのときに自分で読んで学びなさい。この講座では、ここでしか聞けないわたしの言葉から学びなさい」

その言葉にハッとし、彼女が伝えようとしてくれているヨガ哲学を本気で学びたいと思いました。師の人生を通して伝えてくれるヨガの教えに涙を流す人も少なくありませんでした。

師は、わたしの中にある「ヨガインストラクターのイメージ」を壊してくれた。そのおかげで、とても勇気付けられました。

バリ島の師は自分の経験談から、ヨガ哲学を教えている。わたしもそういうインストラクターになりたい、と。

また、ヨガの合宿は特別な雰囲気に包まれていて、日々、大きな感動があります。今までは生徒として参加していたけれど、今度はインストラクターとして、この感動をたくさんの方と一緒につくっていきたい、そう思いました。

こうして、わたしは**「ヨガスクールを立ちあげるだけではなくて、自分自身もその講座のインストラクターとして関わりたい」**と考えるようになったのです。

「よし、あなたがやりなさい」

気持ちを口にすれば、必要な役割が渡される

合宿中、師から「前半の最終課題としてヨガフェスタをする」という課題を与えられました。

そのヨガフェスタの内容は2日間のヨガイベント。生徒がすべての内容を決めて、バリ島に住んでいる人や旅行者など、ヨガに興味がある人たちを呼ぶことになりました。その告知やチラシ作成も課題として与えられたのです。

ヨガフェスタの準備をするため、まずは3人のリーダーを決めることに。師が「リーダーをしたい人は手を挙げなさい」と言ったとき、わたしは思い切って手を挙げました。

とはいえ、もともと消極的で、手を挙げることなんてできないタイプ。でも、経営者として自信をつけたい。そのためには、みんなを引っ張っていくスキルを学びたい、そう思いながら手を挙げていると、立候補した8人の中から、師がわたしを指差し、「よし、あなたがやりなさい」とわたしを選んでくれました。驚きましたが、とてもうれしかった。

彼女が選んでくれたのは、わたしが「ヨガスクールを立ち上げたい」と思っていることを知っていたからでしょう。

講座初日、自己紹介をすることになったときに、みんなに話しました。ヨガスクールを立ち上げたい、と。同期の仲間たちからは驚かれました。

周りはインストラクター歴が長く、難しいポーズができる人ばかりです。一方、わたしはインストラクター歴が浅く、ポーズが周りの誰よりもできなかった。そのことは、みんなも知っています。

こんなことを言ったら、どう思われるんだろう……。昔のわたしだったら、そのことを気にして、自分の気持ちを言えなかったはず。でも、これまでの経験で少しだけ人前で自分を出せるようになった。たとえ、周りが驚くような発言だとしても、自分の想いをすっと伝えられるようになったのです。

わたしの発言にみんなが驚く中、師だけは「何でも教えてあげる」と喜んでくれました。そして、わたしに必要な役割を渡してくれたのです。**これからスクールを立ち上げたいのであれば、あなたはリーダーを経験して学びなさいと。**

師が最初に指名して背中を押してくれたことで、目標が明確になり、最後までブレずに学び続けることができたのです。

あと一歩のところでやってきた、スクール登録の壁

バリ島のヨガ資格養成講座をすべて修了し、RYT500を取得したわたし。次は、ヨガスクール運営に必要な資格取得のため、準備を進めていきます。

スクールを運営するには、全米ヨガアライアンス協会から「ヨガ運営スクール」とし

て公式認定を受けなければなりません。ただ、その申請には、なかなか苦戦しました。

申請における協会とのやり取りや書類は、すべて英語です。日本語でも難しくて読む気にならない文章が、英語の長文で書かれているので混乱しました。

さらに、申請には登録料がかかりますが、申請が通らなかった場合でも返金はされません。しっかりとした英語で、しっかりとした内容で申請しなければいけない。

いろいろな不安に襲われながらも、英語のカリキュラムを一気に作成し、丸2日間ほぼ寝ないで準備したあと、申請ボタンを怯えながらクリック。そのあと、3度にわたり修正して提出した結果、ようやくスクールとして公式認定を受けました。

こうして、念願だった「ヨガ留学」プログラムをスタートさせる準備が整ったのです。

新しいわたしを見つける

STEP 6

今の自分で突き進む

—

ダーラナー

集中

第5章では「バリの師からたくさんの学びを得たエピソード」をお伝えしました。

この経験とつながるヨガの八支則の教え、「ダーラナー」。

ダーラナーは「集中」を意味します。今、自分の中にあるものに意識を向け、心を1つに集中させる状態をいいます。

心はたくさんの考えで構成され、そのたくさんの考えが常に流れ続けています。その心の動きや思考の流れを、意志の力で1つの対象につなぎとめておくことがダーラナーです。

1つのことに集中できず、考えがいろいろな方向に引っ張られてしまう。そんな経験はありませんか？

頭の中に出てくるいろんな考えことを「雑念」といいます。雑念は集中力を削ぎ、モチベーションを低下させる原因となるといわれています。

雑念が出てきたとしても、意志の力で、心を1つの方向に向けることで、集中力を保つことができ、モチベーションの維持につながる。それがヨガの教えです。

バリ島でリーダーを経験したことで、経営者としての経験年数が少なくても、リーダーシップを発揮できることに気が付きました。

それは、バリ島の師から教わったこと。最初は、自分勝手に見えた師。でも、なぜかほかの先生たちは、師のことを尊敬している。彼女を慕っている先生たちの姿を目にするたびに、「なぜ、信頼されているのだろう?」と不思議でたまりませんでした。

でも、その言動を注意深く観察するうちに、気付いたのです。師は自分勝手に見える行動をしているけれど、それは**今、目の前にいる「みんなのため」や「一人ひとりの生徒のため」を思ってしている言動**なのだと。だから、みんなが彼女についていきます。

そのことを近くで学ばせてもらったおかげで、ヨガフェスタでは、みんなを引っ張っていくことができました。

そして、わたしも少しずつ経営者として進んでいく自信をつけることができたのです。

目標達成に向けて、目の前の人に集中し、その人のために自分を変える努力をする。

他人や過去など、変えられないものを変えようと努力するのではなく、努力で変えられる自分自身やモノに、一所懸命（1つのことに命を懸けること）に取り組むことです。
そのためには、目の前の可能性を信じること。そうすることで、今に集中することができ、着実に結果を出すことができます。結果が出ると、自然とモチベーションが保たれ、夢を叶え続けることができるのです。

目の前のたった1つのことに集中できない。
あなたにも、そんなことがあるかもしれません。

でも大丈夫。今の自分の目の前にいる人、そして自分自身を信じて、今の自分で突き進んでいく。そうすると、自ずと今に集中でき、雑念を捨て去ることができるのだから。

CHAPTER 6

誰かのために

夢を失っても、動き出せた理由

まさかのタイミングでのロックダウン

2020年3月。わたしは、もう6年ほど住んでいるセブ島から、一時的に日本に帰国していました。役所関係の手続きがあり、日本には1週間だけ滞在する予定でいたのです。

その頃はスクール登録が無事に終わり、夢だった「ヨガ留学」の実現は、もう目の前。4月からはセブ島にてスタートさせるつもりでした。

ところが、日本に帰国した3日後、耳を疑うニュースが飛び込んできます。新型コロナウイルス感染症（以後、コロナ）の影響で、セブ島がロックダウンされた――。突然、セブ島に戻れない状況になったのです。

とはいえ、そのときのわたしは、まだ楽観的に考えていました。すぐにロックダウンが解除されて、セブ島にはすぐに戻れるだろう、と。

しかし、状況はめまぐるしく変化していきます。日本でも緊急事態宣言が出るかもしれない状況となり、たった数日間で、セブ島にいつ戻れるのかわからない状況に追い込まれてしまいました。

大好きなセブ島でヨガ留学プログラムを立ち上げる、その夢を実現できなくなってしまった。自分の力では変えることができない状況に無力さを感じ、頭の中が突然真っ白になってしまったのです。

ただ、悔しい反面、心のどこかで、少しだけほっとした自分もいました。

セブ島でのヨガ留学プログラムは、わたしにとって大きな、あまりに大きな挑戦です。ようやく、やりたいことを見つけることができた。失敗するわけにはいきません。大きな一歩を踏み出したとき、もし失敗してしまったら、これまで少しずつ積み上げてきた自信を一気に失うかもしれない。大丈夫かな、怖いな。心のどこかに、そんな思いがありました。

だから、**不可抗力によって夢を実現できなくなった状況に、わたしは少しだけ安心したのです。**

わたしが実際にやってみて失敗したわけではない。コロナのせいで立ち上がらないなら、誰もがしょうがないと思ってくれる。自分でも自分にそう言い聞かせられる。だから、悔しいけれどこのタイミングでのヨガ留学スクール立ち上げは諦めて、コロナが落ち着き、セブ島に戻れるようになったら、またゆっくりと立ち上げの準備をしていこう。

そんなことを思っていた3月下旬。

わたしの人生を激変させた、大きなニュースが飛び込んできたのです。

それは、ヨガの認定資格を発行する全米ヨガアライアンスからの「オンラインによる遠隔学習を期間限定で許可する特別措置」の通達です。

これはつまり、それまで認められていなかったオンラインによるRYT200の資格取得が、公式に認められたということ。オンラインの養成講座を立ち上げれば、資格を発行できる状態になったのです。コロナの影響で、海外での「ヨガ留学」は実質不可能になった。でも、オンラインの養成講座ならできる。

もう逃げられない。やるなら、今しかない。そう思いつつも、オンラインという未知の世界が怖くて、わたしは立ちすくんでいました。

「大切な人たちの夢」を守りたい

しかし、その通知が来てから3日後、今まで、ずっと理由をつけては動き出せなかったわたしが、遂に動き出す覚悟を決めることにしました。それは自分のためではありません。大切な人たちを守るためです。

夫が経営する会社は、コロナの影響によって、メインだったセブ留学事業が完全に止まってしまいました。今まで当たり前のように仕事があり、収入があった。それがある日突然、一瞬にして彼の仕事はなくなってしまった。日本からの留学生を受け入れる学校なので、コロナ対策の渡航制限や入国規制で、留学生を呼び込めなくなっていたのです。

彼は多くを語りませんでしたが、当然、会社の経営は大変な状況だったと思います。大変なことになった、本当にダメなのかな……。SNSで飛び交うネガティブな言葉に、どんどんネガティブな方向に考えてしまいます。

それでも彼は、弱音を吐かなかった。泣き言を一切言わず、わたしの「だいじょうぶ?」に、どんなときでも「大丈夫」と言い続けていました。でも、彼が心身ともに疲弊していくのが目に見えてわかりました。

その姿を見たとき、「わたしがなんとかしなきゃ」という気持ちが沸き上がってきたのです。今までは、彼にはたくさん支えてもらってきた。その恩返しをいつかしたいと思ってきた。今がそのチャンスなのだ、と。

それに、わたしが本当にやりたかったことは、ヨガで世界をハッピーにすること。世界が暗闇に包まれたときこそ、世界にはヨガが必要だと確信しました。かつて、暗闇の中にいたわたしをヨガが救ってくれたように。ヨガが世界の「一筋の光」となることを信じたのです。

自分の力では変えることのできない現状で、これまでの「自分の夢」に執着するのではなく、**自分が今できることで「大切な人たちの夢」を守りたい。**今こそ彼を支えたい、今こそヨガで世界を、日本を、大切な人たちをハッピーにしたい――。

本気でそう思ったとき、わたしの中にあった「誰かのために」という熱い想いが溢れるのを感じました。そして気付けば、オンラインで養成講座を立ち上げるために動き出していたのです。

「オンラインで養成講座なんてできるわけない」

逆境でも、このチャンスは逃したくない！

今すぐ、ヨガインストラクター養成講座を立ち上げよう。そう思って動き出したわたしにとって、オンライン学習が認められたことはチャンスでした。オンラインでの養成講座なら、ヨガ留学と違って、コロナ禍でも、日本にいても立ち上げることができます。

ただ、業界では「オンラインでのヨガ資格取得」に対して否定的な意見が多く、完全な逆境です。わたし自身もオンラインに対して、身体を触らずに画面越しで指示するだけできちんとアジャストできるんだろうか？　ヨガスタジオでレッスンする際の、あの空気感を再現できるんだろうか？　オンラインでの指導で、本当に素晴らしいインストラクターへと育て上げることができるのだろうか？　と、否定的な考えがぬぐい切れず、何より自分自身もオンラインで教えたこともないので不安でした。

でも、せっかくのチャンスが来たのに、迷っている暇はありません。

わたしには本気の想いがあった。その想いを受け取り、信じてついてきてくれた3人のインストラクターがいました。エリとナツキとサナエです。

3人には、会うたびに自分の夢を語っていました。いつか養成講座を立ち上げたい、ヨガで何か大きなことがしたい、と。だから、3人は「そこまで言うなら、一緒にやろう！」と、わたしについてきてくれました。そのとき、**「今まで夢を語り続けて、信頼してついてきてくれる人がいて、本当によかった」**と思ったことを覚えています。

こうして仲間の3人とともに、業界初となるオンラインのRYT200取得講座として「おうちヨガ」を立ち上げることになったのです。

6人の「おうちヨガ」1期生との出会い

「おうちヨガ」は、2020年4月29日、ゴールデンウィーク初日に立ち上げることになりました。それまでの3週間、仲間たちと共に寝食も忘れ、カリキュラムやウェブページの制作などを必死に準備したのです。

生徒募集の広告を出せたのは、講座開始の1週間前。たった1週間で生徒さんが集まるのだろうか。そう思って不安でしたが、広告を出したらすぐに、申込みが1件ありました。わたしは、最初に申し込んでくれた彼女の名前を一生忘れません。このとき、**「わたしたちが想いを込めてつくったものが、彼女に届いたんだ。彼女のためにやろう」**と思いました。

1週間という短い集客期間でしたが、6人の素敵な1期生と出会うことができました。本気の想いは伝わることをみんなに教えてもらったような気がしました。ウェブページは全部手づくりで、お世辞にも良い出来とは言えなかった。綺麗なもの、完成されたものではなかったけれど、自分たちなりの言葉で、本気の想いを綴っています。

正直なところ、「おうちヨガ」がスタートするまでは不安でした。わたしにとって、否定的な意見の中でスタートするプロジェクトは、これがはじめてだったから。

これまで、いろいろな夢を語ってきましたが、できるかどうかの意見はあったにしろ、その内容に対して、否定的な声をいただくことはありませんでした。しかし、「おうちヨガ」に対しては否定的な意見が多く、資本金たった1万円の名もなき企業が立ち上げた事業に、良く思わない方もたくさんいました。

その否定的な声に耳を貸していたら、わたしは不安だと嘆いて、現状の不満ばかり口にしていたことでしょう。

でも、その不安を「自信」に変えてくれたのは、1期生の生徒のみんなです。

みんなは誰一人としてネガティブな発言や不安を口にせず、わたしたち講師と一緒に最後まで走ってくれました。あとから聞いてみると、みんなはこう思ってくれていたそうです。自分たちが1期生だから、この「おうちヨガ」を成功させるのは自分たちだ、先生たちの夢を一緒に叶えたい、と。

一緒につくり上げてくれたみんなのおかげで、わたしたちの中に自信が生まれて、「おうちヨガ」が成功したのだと思っています。

この6人の1期生でなければ、2期生、3期生、そして今の20期生まで続けることはできなかったと思います。一緒につくり上げてくれた1期生のみんなには、心から感謝しています。

オンラインだからこその「つながり」

資格取得の夢を諦めてほしくない

２０２０年5月からは、動画のみでRYT200取得講座を受けられる「おうちヨガ 動画コース（通称：ビデオヨガ）」を立ち上げています。

以前は、オンラインでの養成講座にネガティブなイメージがありましたが、「おうちヨガ」が成功したことで、そのイメージが変わりました。オンラインでもできることはたくさんあるし、オンラインならではの強みがあるんだ、と。だから、その強みをさらに活かせる講座を立ち上げることにしたのです。

4月からスタートしたオンライン講座の「おうちヨガ」では、これまで資格を取得したかったけれど遠方で通えず、諦めていた方にも講座を届けられるようになりました。

しかし、決まった時間にまとまった時間が取れない忙しい方や、小さな子どもを持つママさんからは、「オンラインでも資格取得の夢を諦めざるを得ないです」と悔しいお声をいただくことが増えたのです。

「おうちヨガ」は当初、土日祝日の決まった時間にオンライン講座をするライブレッスン型でした。そのため、土日休みでない、週末は家族と過ごしたい、そんなにまとまった時間をとれない、そのような事情がある方は参加が難しくなります。

どうにかして、これまで諦めていた方に届けられないだろうか。そう考えて、思いついたのが「ビデオヨガ」です。

オンライン講座のメリットは、どこにいても参加できて、時間がない人でも移動時間を気にすることなく、おうちにいながら受講できること。それなのに、日にちや時間を限定してしまえば、より多くの人に届けることができません。

そこで、24時間いつでも視聴可能な動画のみの養成講座「ビデオヨガ」を立ち上げることにしました。動画のみのレッスンを提供すれば、生徒さんが自分のライフスタイルに合わせて、好きな時間に学ぶことができます。

立ち上げの原動力は、生徒さんの成長

当時、オンライン学習での資格取得が認められていたのは、2020年9月30日まで。「ビデオヨガ」は1日でも早く立ち上げる必要がありました。

協会に問い合わせてみると、録画した動画でも資格取得が認められていることがわかり、さっそく集客することに。その結果、「ビデオヨガ」の1期生として、約30人の生徒さんが集まってくれたのです。

そして、「おうちヨガ」2期生がスタートする6月から、「ビデオヨガ」1期生も並行してスタートさせました。

ただ、「ビデオヨガ」も、急ピッチで立ち上げて始めたので、運営システムをもっているわけではありません。自分たちで、一からシステムをつくる必要があります。

まず、200時間相当の動画を撮影しなければいけません。1カ月間、エリと一緒

に寝食も忘れて撮影に没頭し、そのときの睡眠時間は多くて2時間程度。土日祝日は、朝から晩まで「おうちヨガ」のレッスンをして、そのあとは「ビデオヨガ」の動画撮影や資料づくり。毎日、やることが山のようにありました。

それでもがんばることができたのは、**一緒にがんばってくれる仲間の存在と、おうちヨガで「人生が変わりました」と涙してくれる生徒さんの成長があったから。**レッスンするたび、生徒さんの成長を実感できました。みんなはもっとがんばってくれている。そう思うと、わたしももっとがんばろうと思えました。

こうして、たった6人からはじまった「おうちヨガ」は、「ビデオヨガ」と合わせて5000人以上の方に届き（2021年6月現在）、5000人のみんなの想いが世界をハッピーにしていると信じています。

スクールMAJOLIに関わってくれるすべての方が、それぞれの大切な「誰かのために」行動を起こしています。日々、わたしは生徒さんから「誰かのために」行動することの大切さを学ばせていただいています。

ここから始まる、わたしのヨガストーリー

資格取得は自信につながる

２０２０年6月4日には「一般社団法人 国際ヨガアカデミー協会」を設立し、その代表理事に就任しました。この協会では、ヨガインストラクター養成講座やヨガイベントの企画、運営をおこなっています。

卒業後でも、みんなとつながれて、いろいろなことを学べる環境をつくりたい。もっとたくさんの人と一緒に「ヨガで世界をハッピーに」の輪を拡げていきたい。その想いから、この協会を立ち上げました。

「おうちヨガ」の1期目を終えたとき、感じたことがあります。それは、資格を取得することは、自信につながるということ。

手に職がない、自分を語れるものがない。「おうちヨガ」を始めたばかりのとき、1期生のみんなはそう言って、将来を不安がっていました。まるで昔のわたしを見ているようでした。

将来が不安だけれど、おうち時間を無駄にしたくない。とりあえず、やってみたかったヨガに挑戦してみよう。そう考えて申し込んでくれる方が多かったので、ほとんどの生徒さんはヨガ初心者。それでも、みんながんばってくれたので、12日間の講義を受けたあと、卒業時には60分間のヨガレッスンができるまでに。

なかには、たったの12日間で、ウエストがマイナス6センチになった方もいます。そして、カラダが変わったことで、みんなの心がどんどん前向きになっていきました。その姿を見て、「できることが増えれば、人はこんなにも自信をもつことができるんだ」と実感しました。それは、わたしも同じです。できることが増えていったら、どんどん自信をもてるようになりました。

さらに、RYT200という世界中で通用する資格によって、「できるようになったこと」が証明されます。ヨガインストラクターとしての知識がある、そのことを周りにも証明できる資格を取得したことで、**その人の中に自信が生まれたのです。**

自信をもてるようになったことで、やりたいことを実現した卒業生もいます。

彼女は卒業ぎりぎりまで、「わたしは趣味のため、おうち時間を有効に使うために、ヨガの資格を取りました。だから、ヨガインストラクターにはなりません」とはっきりと宣言していました。しかし、卒業後、誰よりも早くインストラクターデビューしたのです。

そして、わたしにこう教えてくれました。

「お金をかけて、なおかつ、２００時間の学びをがんばれたのは、心のどこかにヨガインストラクターへの憧れや、好きなことを仕事にすることへの憧れがあったからだと思います。今まで、その想いを口にできなかったのは、自信がなかったからかもしれない。RYT200を取得して自信をもてるようになったことで、やりたいことを堂々と言えるようになった。そして、実際に憧れのヨガインストラクターの道を歩き出せました」

このような生徒さんたちを見て、わたしは資格取得にますます魅力を感じるようになりました。

そして、そんなみなさんがヨガについて深く学べるオウンドメディア「Yoga Story」を立ち上げ、ヨガの情報を発信するウェブメディアを運営。さらに、「Team MAJOLI Project」というオンラインサロンを開設し、受講生が卒業してからもヨガでつながりを持ち続けられるコミュニティをつくるなど、会社としても多くのことに挑戦して、大きな飛躍を遂げることができました。

わたしたちの挑戦は始まったばかり

つくりたいのは、わたしらしく輝ける場所

今後は、ヨガインストラクター養成講座だけではなく、マインドフルネス瞑想講座やアーユルヴェーダ講座、ダイエットヨガ講座などの新しい挑戦を予定しています。それによって生まれた出会いの中で、ともに成長していく仲間を増やしていきたいと思っています。

実現したいことは、それだけではありません。**誰もがありのままの自分で、夢を叶え続けられる場所をつくりたい**とも考えています。

子育てなどに追われ、夢を実現できない女性はたくさんいます。昔は「こんなことをしてみたい」と夢を語っていた女性でも、その夢を諦めてしまうことがある。今は

子どもがいて、夢を叶える時間がない、と。その声を聞いたとき、どうして子どもができたからといって、諦めなきゃいけないんだろう？　子どもがいても、自分の夢を叶えられる場所があればいいのに、そう思いました。

だから、これからはMAJOLI自体を「女性が自分のライフスタイルに合わせて活躍できる場所」にしていきたいと考えています。

わたしは大学卒業後に就職することが、受け入れられませんでした。その上、他の人が会社で楽しそうに働いていても、わたしは会社ではやりたいことを見つけられませんでした。だからこそMAJOLIは、「あたりまえ」にとらわれず、誰もが自分らしく、夢を叶え続けられる場所でありたい、そう強く思っています。

今のわたしは、講師という仕事をするようになり、「有言実行していきたい」という思いがより強くなっています。

生徒さんに「挑戦しましょうね、がんばりましょうね」と言っているかぎり、わたしも挑戦する姿を見せなきゃいけない。わたしの挑戦する姿を見て、「真理先生もがんばっているから、わたしもがんばろう！」と前に進んでもらいたい。わたしが**新しい挑戦を続けていけるのは、みんなのおかげ**です。

わたしは自分のことを好きになりたくて、いろいろな道を選んできました。

自分自身を変えたいのに、なかなか変えることができない。その壁に何度もぶつかりながら、悩み、苦しみ、何度も涙を流してきました。

しかし、わたしは気付いたのです。もう、わたしはわたしに興味がないということに。どんなときも「Ｉ（わたしは）」ではなく「Ｗｅ（わたしたちは）」で考えるようになりました。自分を好きかどうか、それすらもう、どうでもいい。

そう思える今は、「誰かのために」と思わせてくれた大切な人たちとの出会いの中で、「わたし」のことを好きになれているのかもしれません。

新しいわたしを見つける

STEP 7

ありのままのわたしを受け入れる

—

ディヤーナ
瞑想

第6章では、オンラインの養成講座を立ち上げたエピソードをお伝えしました。この経験とつながるヨガの八支則の教え、「ディヤーナ」。

ディヤーナは「瞑想」という意味です。わかりやすくいえば、「ありのままのわたし」を受け入れること。深い静かな精神でいられる状態のことをいいます。

瞑想は、自分の本質である「穏やかで静かな状態」に至り、ヨガの最終目的地である「本当の自分自身とは？」を理解し、それを体験できるヨガの練習法です。ダーラナー（集中）を続けている状態がディヤーナ（瞑想）になります。

たくさんの思考や感情などが浮かんできて、どれが自分の本当の考えなのか、自分の本心はどこにあるのか、それがわからなくなってしまうことがあります。

ヨガ哲学では、常に変わっていく思考や感情は「自分」ではありません。「ありのままのわたし」は、自分という存在そのもの。思考や感情に惑わされることなく、変わらない存在です。そのことを理解できたとき、ありのままの自分で、自由に人生を歩めるようになる。それがディヤーナの教えです。

遠回りしているかもしれない。本当にこの道でいいのだろうか。ほかに最短経路があったのかもしれない。そうやって迷えば、前に進むことができなくなってしまいます。そんなとき、今、目の前の「すべきこと」に集中し、自分が決めた道を信じることで、先に進むことができるのです。

わたしは、大好きなセブ島で、ヨガ留学プログラムを立ち上げることが夢でした。しかし、不可抗力によって、それを実現することができなくなります。自分の力では変えられない状況。無力さを感じ、諦めるしかありませんでした。

それだけではありません。大切な人たちの夢も希望も打ち砕かれ、世界は暗闇に包まれました。

それでも、そこから講座を立ち上げて、当初思い描いていたものとは違うけれど、わたしはようやく何かを成し遂げることができたのです。

急激に変化していく時代の中で、わたしが対応できたのは、変わりゆく時代に合わせて自分自身を変えていったからではありません。

どこにいても、どんな時代でも変わらない、「ありのままのわたし」でいることができたからです。

養成講座を立ち上げるまでのわたしは、「自分のことを好きになりたい」と強く思い、自分を変えることにこだわり続けていました。

しかし、夢を失い、そのこだわりがなくなった瞬間、本当の意味で誰かのために行動することができました。自分を変えようとこだわり続けていたら、前に進むことはできなかったでしょう。

「誰かのために」生きることは、遠回りしているように見えます。しかし、「おうちヨガ」を立ち上げたことで、それこそが自分を変え、夢を叶える近道になることを学びました。

本当の自分を知ることで、自分の使命を知った。そして、誰かのためを思う気持ちを原動力に、前へと進み続けられたのです。

あなたも、自分の力ではどうすることもできない大きな困難に直面することがあるかもしれません。

でも大丈夫。状況に翻弄されるのではなく、どんなときも今の自分に集中して、誰かのために頑張る人になる。そうすれば、あなたらしくハッピーな人生を歩んでいけるはずだから。

わたしにとっての本当の「しあわせ」とは？

インドで、師から「あなたにとってしあわせとは何ですか？」と問いかけられても、答えられなかった。

その答えを、ずっと探していました。わたしのしあわせは、きっと、どこかにあるはずだ。そう考えて、自分の外側に答えを求め続けていたのです。

しかし、あれから多くの困難な道のりを乗り越えてきて、今では**「しあわせは常に自分の中にある」**と思えます。

自分が変わったから、周りの反応も変わって、応援してくれる人が集まってきた。ヨガスクールを立ち上げて本格的に活動し始めたころはそう思っていたけれど、本当はそうじゃなかった。

それまでだって、いつも周りには、応援してくれる人、受け入れてくれる人がいたのに、そのことに気付いていなかっただけ。わたしの「相手に対する見方」が変わったことで、応援してくれる人たちの存在に気付けるようになったのです。

そのときから、「変わりたい」ではなく「成長したい」と思うようになりました。自分じゃない「何者か」になりたい、そうすれば人生が変わって、幸せになれる。昔のわたしは、そう考えていました。

でも、今は違います。**自分を変えなくても、支えてくれる人やしあわせに思える環境は、今、ここにある。**しあわせは自分の中にある、と気付いたからです。

それに気付けたのは、わたしがいつのまにか成長していたから。

成長したことで、相手に対する見方が変わって、世界が変わったように、自分が変わったように、人生が変わったように感じただけ。

それがわかったとき、自分自身を変えなくてもいい。ありのままでいい、そのヨガの教えの意味が胸にストンと落ちました。
今の自分を受け入れて、もっとより良くなるように、日々を懸命に生きていけばいいんだ。そう思ったら、気持ちがとてもラクになったのです。
やりたいことを実現する環境は、「今、ここ」にある。それに気付けることがしあわせなのだ、と。

きっと、あなたのしあわせも、あなた自身の中に、あるのではないでしょうか。

最後に、本書を執筆するにあたって、応援してくれたみなさん、協力してくれたみなさん、本書に登場してくれたみなさん、出版の機会をいただいた土屋さん、堀江さんはじめクロスメディア・パブリッシング社のみなさん、そして世界で一番尊敬する夫へ。
心からの感謝をお伝えさせていただきます。

何より、エリ、ナツキ、サナエ、そしてMAJOLIに携わってくれているすべての人へ。愛する受講生のみなさんへ。

いつもあんまり面と向かって伝えられていないかもしれないけれど、本当に本当にありがとう。みんなのおかげで、今日、この本に想いのすべてを綴ることができました。

これからも、ずっとずっと、大好きだよ。

一緒にヨガで世界をハッピーにしていこうね。

愛をこめて、ナマステ。

2021年6月　横幕真理

新しいわたしを見つける

STEP 8

わたしは わたしのままでいい

—

サマーディ
三昧

エピローグでは、「しあわせは常に自分の中にある」と気付いたエピソードをお伝えしました。

この経験からわたしが掴み取ったヨガの教えは、八支則の「サマーディ」です。サマーディとは、ヨガの最終目的地で、わかりやすくいえば、わたしにとっての本当の幸せを知ること。

「解脱」や「悟り」ともいわれ、瞑想が深まり、心・身体・魂が一体となる状態をいいます。

何のために生きるのか、何を求め、そのためにどうすべきなのか。それは、「わたし」という本当の自分を知ることで、明らかになっていきます。

わたしは、自分のことが大嫌いでした。自分ではない「何者か」にずっとなりたくて、とにかく自分を変えたかった。だからこそ、留学や海外就職、起業など、環境を大きく変える決断をしてきたのです。わたしは「環境を変えること」よりも、「嫌いな自分のままで生き続けること」のほうが怖かったからです。

そして、ヨガと出合い、自分自身と向き合うことで、自分自身を変えることができ、そして、周りの反応も変わり、人生を変えることができたのだと思っていました。

しかし、そうではなかったのです。

わたしの本質は、変わってなどいなかった。

自分のことが大嫌いだったときも、「人生を変えたい」と行動していたときも、自分のことを応援してくれる人は、いつでも傍にいてくれた。周りの環境も変わってはいなかったのです。

そして、**「変わること」に執着し続けたわたしが、たどり着いた答え。それは、変わらないこと。**

自分ではない「何者か」になんてならなくてもいい、あなたはあなたでいいんだよ。わたしを支えてくれた人たちが、きっと、わたしにそう伝え続けてくれていたはず。そのことに、今になってようやく気付きました。

今、もしもまたインドに行って、ヨガ哲学の師に再びあの質問を投げかけられたら、わたしはこう答えるでしょう。

わたしにとってのしあわせとは、「わたしがわたしであること」だと――。

読者
特典

ヨガでつながる
オンラインサロン
にご招待

—

『New Me　わたしだけの新しい人生の見つけかた』を最後までお読みいただき、ありがとうございました。ヨガに出合い、人生を変えるキッカケをつかんでいただける方が増えるように、読者特典をご用意しました。150本以上のレッスン動画を閲覧でき、全国の人とヨガでつながれるオンラインサロンに、1カ月間ご招待いたします。

詳細・お申し込みはこちら

https://newme-campaign.com

※読者特典は予告なく終了することがございます。

【著者略歴】
横幕真理（よこまく・まり）
株式会社 MAJOLI 代表取締役。一般社団法人 国際ヨガアカデミー協会代表理事。自分のことが嫌いでコンプレックスだらけだった過去と決別し「変わりたい」一心でインドに渡り、ヨガに出合う。その後インド、オーストラリア（バイロンベイ）、インドネシア（バリ島）と3カ国にヨガ留学し、日本に500人ほどしかいないと言われるヨガ講師資格、RYT500を取得。2018年に29歳で起業し、全米ヨガアライアンス公式認定ヨガスクール MAJOLI を創設。2020年4月に開講したヨガ業界初のオンライン資格取得講座は、半年間で受講生500名を超える人気講座に。インドヨガ哲学の教えを現代の日本人女性向けにわかりやすく解説し、「わたしらしい生き方」や「自分を好きになる方法」を伝えている。

New《ニュー》 Me《ミー》　わたしだけの新《あたら》しい人生《じんせい》の見《み》つけかた

2021年 6月21日　初版発行

発行　**株式会社クロスメディア・パブリッシング**
発行者　小早川幸一郎
〒151-0051　東京都渋谷区千駄ヶ谷4-20-3 東栄神宮外苑ビル
https://www.cm-publishing.co.jp
■本の内容に関するお問い合わせ先 …………………… TEL (03)5413-3140／FAX (03)5413-3141

発売　**株式会社インプレス**
〒101-0051　東京都千代田区神田神保町一丁目105番地
■乱丁本・落丁本などのお問い合わせ先 …………… TEL (03)6837-5016／FAX (03)6837-5023
service@impress.co.jp
（受付時間　10:00～12:00、13:00～17:00　土日・祝日を除く）
※古書店で購入されたものについてはお取り替えできません
■書店／販売店のご注文窓口
株式会社インプレス　受注センター ……………………… TEL (048)449-8040／FAX (048)449-8041
株式会社インプレス　出版営業部 ……………………………………………………… TEL (03)6837-4635

ブックデザイン　都井美穂子
DTP・校正・校閲　株式会社 RUHIA
印刷・製本　株式会社シナノ
ISBN 978-4-295-40561-0 C2034